suhrkamp taschenbuch 4231

Keine Schurkenstaaten, wir allein sind schuld an der fortdauernden Finanzkrise und der Klimabedrohung. Einer ratlosen Politik fehlen die moralischen Kräfte, die für soziale Gerechtigkeit und für Zukunftsvorsorge unentbehrlich sind. Barack Obama stiftet Hoffnung. Aber die kann er nicht als Erlöser, die können wir nur selbst durch Wiedererweckung der Werte erfüllen, die uns abhanden zu kommen drohen.

Horst-Eberhard Richter, vom ehemaligen Bundespräsidenten Johannes Rau einmal als Analytiker und Therapeut des ganzen Landes bezeichnet, behandelt die großen Fragen, vor denen wir heute stehen. Die Lehre des Vaters der deutschen Friedensbewegung aus seiner reichen therapeutischen Erfahrung und Begegnungen mit Brandt, Gorbatschow, Sir Ustinov und vielen anderen lautet schlicht: Kein anderer Weg kann uns aus den Krisen herausführen als das Erstarken eines neuen moralischen Verantwortungsbewusstseins.

Horst-Eberhard Richter, geboren 1923 in Berlin, Psychoanalytiker und Sozialphilosoph, erhielt für sein Engagement zahlreiche Ehrungen, darunter den Theodor-Heuss-Preis 1980, die Goetheplakette der Stadt Frankfurt am Main 2002 und die Paracelsus-Medaille der deutschen Ärzteschaft 2008. Er lebt in Gießen.

Horst-Eberhard Richter
Moral in Zeiten der Krise

Suhrkamp

Umschlagfoto: Paul Swiridoff

suhrkamp taschenbuch 4231
Erste Auflage 2010
Originalausgabe
© Suhrkamp Verlag Berlin 2010
Suhrkamp Taschenbuch Verlag
Druck: CPI – Ebner & Spiegel, Ulm
Printed in Germany
Umschlag: Göllner, Michels, Zegarzewski
ISBN 978-3-518-46231-7

1 2 3 4 5 6 – 15 14 13 12 11 10

Moral in Zeiten der Krise

Der Mensch ist, bevor er ein denkendes und ein wollendes Wesen ist,
ein liebendes Wesen.

Max Scheler

Inhaltsverzeichnis

Vorwort und Danksagung

Ende der sechziger Jahre glaubte eine große jugendliche Leserschaft in meinem Buch *Eltern, Kind und Neurose* viele der ungelösten Konflikte wiederzuerkennen, die ihre Eltern aus der Hitlerzeit mitgebracht hatten und an ihnen abreagierten. Teile von ihnen brachen zu gesellschaftlichen Reformprojekten auf, fanden es aber nötig, gleichzeitig an den eigenen inneren Schwierigkeiten zu arbeiten. Sie brachten mich dazu, einige ihrer Projekte, zum Beispiel mit Randgruppen und Kinderläden, zu begleiten. Dabei lernte ich besser zu verstehen, wie psychische Innenwelt und politische Tatwelt permanent ineinander greifen. Ich wurde ein Teil des Aufbruchs in der Emanzipations- und Friedensbewegung der siebziger und achtziger Jahre.

Seitdem findet aber ein neuer Generationswechsel statt. Neben die »Krankheit Friedlosigkeit« tritt die »psychische Krankheit Korruption« mit ihrer Finanz- und Wirtschaftskrise und dem Scheitern der Klima- und Umweltvorsorge (Kopenhagen). Wie können wir der jungen Generation helfen, in sich selbst die Wurzel dieser Krankheiten und ihre Möglichkeit zu ihrer Überwindung besser zu verstehen? Was ich dazu selbst in den sozialen Bewegungen und aus Begegnungen mit herausragenden Politikern, Naturwissenschaftlern und Intellektuellen gelernt habe, darüber gebe ich im Folgenden Auskunft.

Allen aus diesem Kreis, den Überlebenden wie den Verstorbenen, sage ich hiermit meinen großen Dank. Besonderen Dank schulde ich Bergrun, meiner Frau, die 64 Jahre mit mir und selbstständig neben mir in gleichem Engagement kämpft, Genugtuung erringt, aber auch Leiden trägt. Kinder und Enkel haben uns geholfen, stets die Verantwortung für die Zukunft im Auge zu behalten. Inzwischen sind drei Urenkel dazu gekommen. 30 Jahre hatte ich das Glück, im Gießener Zentrum für Psychosomatik und im Gießener Institut für Psychoanalyse und Psychotherapie die kreative Zusammenarbeit mit einem wunderbaren Team zu erleben, aus dem zwölf männliche und drei weibliche Mitglieder Professoren bzw. Professorinnen geworden sind. Einige davon gehörten einst zu den Studierenden, die mich vor 40 Jahren in die Arbeit mit Obdachlosen und Kinderläden eingeführt haben.

Drei hilfreichen Gefährten aus der ärztlichen Friedensbewegung möchte ich noch besonders danken. Es sind als Mitgründer der deutschen Sektion der IPPNW Professor Ulrich Gottstein und als Geschäftsführer nacheinander Michael Roelen und inzwischen Frank Uhe.

Bei Ulla Unseld-Berkéwicz bedanke ich mich für ihre Anregung, es noch einmal mit dem Schreiben zu versuchen, und bei Dr. Jonathan Landgrebe für sein kritisches Mitdenken.

Dass man meinem Text hoffentlich nur wenig von der gelegentlichen Zerstreutheit eines Siebenundachtzigjährigen anmerkt, ist das Verdienst der Geduld und der Aufmerksamkeit meiner Sekretärin Katja Enners.

Teil I – Die Innenwelt des Politischen

Einführung

Immer mehr Menschen kommen darauf, dass die akut gewordene Klimabedrohung und das Finanzdesaster keine von außen hereinbrechenden Unglücksfälle sind, sondern von uns Menschen selbst herbeigeführt werden. 30 Jahre haben wir versäumt, einem absehbaren Klimaschock vorzubeugen, obwohl die Wissenschaft uns rechtzeitig gewarnt hat. Und die Finanzkrise kommt nicht wie ein tragisches Schicksal über uns, sondern erweist sich als Strafe für die egoistische Waghalsigkeit einer ganzen Branche, die ihrerseits aber nur vollzogen hat, was wir als Gesellschaft zugelassen haben.

Das macht unsicher und ratlos. Psychotherapeuten merken das an einem gehäuften Auftreten von psychosomatischen Beschwerden, die oft nur eine sprachlose Angst ausdrücken. Man erfindet neue medizinische Namen für Störungen, die keine regelrechten Krankheiten sind, dennoch sich gleichsam medizinisch organisieren als »Erschöpfungssyndrom«, »Burn-out«, »Melancholie« oder dergleichen. Eine wesentliche Rolle spielt die Überforderung durch Umstände, wie sie Daniel Goedevert insbesondere in der Wirtschaft findet:

»Die Wirtschaft hat sich in einen sinnentleerten Geschwindigkeitsrausch hineingesteigert und ein Tempo erreicht, mit dem die Menschen längst nicht mehr Schritt halten können. Das hat zu einer tiefgreifenden Orientierungskrise geführt, deren Symptome sich täglich vervielfachen. Wir hecheln der Entwicklung hinterher und verlieren in diesem aussichtslosen Wettlauf unser Zutrauen in die eigene Fähigkeit, den Gang der Dinge zu gestalten.«

Doch das ist nur die eine Seite, das passive, ohnmächtige Hinterherhecheln. Die Klimabedrohung kommt umgekehrt aus einer Herrschaftsideologie. Die Natur gehöre dem Menschen statt er zu ihr, lautet die Einbildung. Dieser Übermut hat rechtzeitige Selbstbeschränkungen in der Umweltbelastung verhindert. Wenn man bei dem Bild bleiben will, ist es die Natur, die hinterher hechelt, weil ihr der Mensch die Kraft raubt, das Leben von Millionen Arten zu erhalten und paradoxerweise auch die Zukunft des menschlichen Geschlechts zu sichern. Keine objektive Wirtschaftslogik treibt die Menschen dazu, Atombomben zu produzieren, um sich und alle übrigen Kreaturen mit Auslöschung zu bedrohen. Sie selbst sind die Antreibenden.

In seiner berühmten Korrespondenz mit Albert Einstein über den Krieg erwartete Freud 1932, im Kulturprozess werde der Intellekt erstarken und das Triebleben, somit auch die Aggression, zu beherrschen beginnen. Einstein hingegen bezweifelte diese Voraussage und hatte bereits zuvor in einem Schreiben an Romain Rolland festgestellt, »daß Athletik des Geistes nicht schützt gegen Kleinheit der Seele und barbarisches Empfinden. Ich glaube, daß edle menschliche Gesinnung in den Universitäten und Akademien nicht besser gedeiht als in den Arbeitsstätten des ungekannten stummen Mannes aus dem Volke.« Und an Freud schrieb er 1932: »Nach meiner Lebenserfahrung ist es vielmehr gerade die sogenannte Intelligenz, welche den verhängnisvollen Massensuggestionen am leichtesten unterliegt.«

Er sollte Recht behalten. Die deutsche Intelligenz kapitulierte vor Hitler und vor einer Brutalisierung der Gesinnung, die zu einem blutigen Angriffskrieg, zu einer Beinahe-Ausrottung der Juden und zum Mord an 100000 psychisch Kranken und Behinderten führte. Das Ausmaß der moralischen Selbsterniedrigung war dem Tätervolk so unfassbar, dass es sich später darin nicht wiedererkennen wollte, so als wäre es nur einem Spuk erlegen und erwache danach in alter Normalität. Es war der Unwille, die Schuld auf sich zu nehmen, an ihr zu leiden und dabei anzuerkennen: Wir haben mitgemacht, was man mit uns gemacht hat.

Die von der Hitlerzeit geprägten Eltern reagierten an ihren Kindern ihre Selbstunzufriedenheit und ihre heimlichen Selbstvorwürfe ab. Aber die Kinder errieten, was ihnen verschwiegen wurde. Und für mich als jungen psychoanalytischen Kinder- und Familientherapeuten wurde dies mein Lebensthema: War es der neuen Generation möglich, den ihr hinterlassenen Kulturbruch innerlich zu überwinden, oder würde das barbarische Empfinden, wie es Einstein genannt hatte, in anderer Form wieder auftauchen?

Ist einem vergönnt, ein hohes Alter zu erreichen, erkennt man, wie wir die Welt verändern und wie die geschaffene Welt uns verändert. Heute droht kein Hitler mehr. Aber was sich wieder einschleicht, ist neuer moralischer Verfall: eine egoistische Brutalisierung, von der atomaren Bedrohung angefangen bis zur Naturzerstörung und zu dem noch immer ungebremsten Zocker-Unwesen in der Finanzbranche. Da geht es nicht mehr um brachiale, sondern um eine subtile, versteckte Gewalt. Die Verrohung geschieht ohne offenen Hass. Die Barbarei liegt in einer moralischen Fühllosigkeit, einem Schwinden von Sensibilität.

Das genauer zu erkunden, verständlicher zu machen und nach Möglichkeit Widerstandskräfte zu ermutigen, ist die Absicht der folgenden Schrift, die persönliche Erfahrungen und analytische Reflexionen verknüpft.

Wenn ich einiges schon anderswo Gesagte wiederhole, so um zu zeigen, wie manches Unverarbeitete wieder auftaucht und wie ein vermeintlicher Fortschritt uns nur weiter von dem Punkt entfernt, von dem aus eine Neubesinnung möglich ist.

Es ist ein historischer Moment, da die westliche Gemeinschaft keinen Weltfeind zum Besiegen mehr vor Augen hat, keinen Saddam Hussein, dem man die Verantwortung für den 11. September und die Bedrohung mit Massenvernichtungswaffen andichten konnte. Doch unsere Gesellschaft verdrängt die Herausforderungen der Zukunft. Es bedarf eines gemeinsamen geistigen Wandels, der von innen kommt. Eine Utopie? Eine solche wäre es zu glauben, es könnte so weitergehen wie bisher. Dass die Kräfte für eine innere Erneuerung bereitliegen, wenn auch bisher immer wieder erlahmend, zeigt die Geschichte. In meiner Generation der nunmehr Mitte Achtzigjährigen haben wir den Aufbruch aus einem Stadium von scheinbar heilloser Verkommenheit zu einer gemeinsamen Selbsterneuerung schon einmal erlebt. Und deshalb möchte ich meine Geschichte mit dieser Erinnerung beginnen.

Begleiter, Analytiker und Chronist der Nachkriegsjugend

Ich gehöre zu den Alten, die immer wieder von Schulen als »Zeitzeugen« eingeladen werden, um von Krieg und Nachkriegszeit zu erzählen. Die Schülerinnen und Schüler hören dann von mir, wie ich als Achtzehnjähriger nach Russland geschickt wurde, um als Richtkanonier auf Russen zu schießen, die ich zuvor in einer kurzen Ruhestellung als freundliche Menschen kennen gelernt hatte. Ich musste tun, was ich nicht wollte, und erfuhr vier Jahre später nach Entlassung aus Gefangenschaft, dass russische Besatzungssoldaten Monate nach Kriegsende meine Eltern erstochen hatten, weil meine Mutter sich gewehrt und mein zweiundsiebzigjähriger Vater sie zu beschützen versucht hatte. Daraufhin wurde ich krank und wäre am liebsten im Krankenhaus geblieben. Aber ich musste mich aufraffen. Ich flickte notdürftig die gerissenen Wände in den zwei erhaltenen Räumen unserer halbzerbombten Sechs-Zimmer-Wohnung in Berlin und erbettelte mir ein Stipendium an der alten Berliner Universität. Ich hatte in Deutschland keine Verwandten. Schulfreunde waren gefallen. Ein Buch war und ist mir immer noch kostbar: Dostojewskis *Aus einem Toten Hause*. Darin verarbeitet der Dichter seine Verbannungszeit in Sibirien. Er war wegen Rebellion zum Tode verurteilt und auf dem Richtplatz zu vier Jahren Verbannung begnadigt worden. Ich war als desertierter Flüchtling vor Kriegsende mit Glück gerade noch einer SS-Kontrolle entkommen, dann dennoch in Gefangenschaft geraten. Innerlich fühlte ich mich wie in jenem »Toten Hause«.

Eigentlich war ich noch ein Kind, das seine Jugend

nicht hatte ausleben können; zugleich ein alter Mann, belastet mit Verantwortung für Unverantwortliches an einer Front des Hasses. Später schrieb ich dann mal ein Buch: *Wer nicht leiden will, muss hassen.* Das war ein Grundgedanke meiner philosophischen Doktorarbeit, die ich wenige Monate nach meiner Rückkehr begann. Titel: *Über den Schmerz.* Später wurde mir klar, dass es mir wohl darum ging, meinen eigenen verzweifelten Zustand besser zu verstehen und Rat zu suchen. Zu gleicher Zeit begegnete ich der Frau, mit der ich inzwischen 64 Jahre zusammen bin. Auch sie kam aus einer Familie mit einer Leidensgeschichte. Bergrun war die Lieblingstochter ihres Vaters, den die Nazis zwölf Jahre lang drangsaliert hatten. Als Nazigegner hatte er nach Hitlers Machtübernahme sogleich seine Professur für Philosophie und Pädagogik verloren und war seitdem fortwährend von der Gestapo terrorisiert worden. Seine Ängste überdauerten Hitlers Herrschaftszeit.

Es wurde uns erst später bewusst, aber das Schicksal unserer Eltern wirkte in uns wie eine Botschaft, die unser Engagement bis heute begleitet. Bergrun arbeitete als junge Lehrerin. Auf eigenen Wunsch hatte sie eine Klasse mit Kindern übernommen, die als schwer erziehbar eingestuft worden waren. Solche Sonderklassen gab es damals in Berlin. Bergrun fand, dass solche Kinder besondere Zuwendung verdienten. Gelegentlich unterstützte ich sie, wenn es darum ging, den Kindern in häuslichen Konflikten beizustehen.

Sechs Jahre später. Ich bin 29, junger Arzt, halbfertiger Psychoanalytiker, und werde bereits mit der Leitung einer Beratungs- und Forschungsstelle für seelische Störungen im Kindes- und Jugendalter betraut. Ich arbeite zusammen mit ehrenamtlichen Mitarbeiterinnen an einem großen Berliner Kinderkrankenhaus und bin dadurch gleich wieder bei der eigenen Geschichte. Inwiefern wirkt in den Störungen der Kinder das nach, was die Eltern an unverarbeiteten Traumen, Schuld, Scham und zerstörten Hoffnungen aus der Hitlerzeit mit sich herumschleppen? Die meisten Eltern schweigen über ihre Vergangenheit in der Hörigkeitsgesellschaft. Aber viel von dem Verschwiegenen drückt sich indirekt über die Symptome bei den Kindern aus: Trotz, Weglaufen, Stottern, Schulversagen und psychosomatische Beschwerden. Es reicht nicht aus, die Eltern erzieherisch zu beraten. Sie brauchen Hilfe, sich mit den eigenen Enttäuschungen und Verbitterungen auszusöhnen, um mit den Kindern verständnisvoller umgehen zu können. So gelangen wir schon in den fünfziger Jahren zum Konzept einer psychoanalytisch orientierten Familientherapie.

Hätte ich nicht schon in der Dissertation über den Schmerz und später in der Lehranalyse an meiner eigenen inneren Beschädigung gearbeitet, wäre ich der neuen Verantwortung kaum gewachsen, nämlich beiden Generationen mitfühlend beizustehen. Jedenfalls bin ich bald so weit, meine Erfahrungen darüber, wie sich bestimmte Muster von Eltern-Kind-Beziehungen in kindlichen Störungen niederschlagen, systematisch zusammenzufassen. Anschaulich mache ich das mit markanten Beispielen aus jahrelang beobachteten Fällen. So entsteht das Buch *Eltern, Kind und Neurose*, das 1963 erscheint.

Nur zwei prominente Psychoanalytiker loben das Buch. Der eine ist mein späterer schweizerischer Freund Paul Parin, der andere ist der New Yorker Gustav Bychowski, der in *The Psychoanalytic Quaterly* meint, ich hätte nun Freuds Lehre von der Kind-Eltern-Beziehung durch eine Analyse der Eltern-Kind-Beziehung komplettiert. Der Großteil der Kollegenschaft hält sich jedoch bedeckt, weil die Ausdehnung psychoanalytischer Forschung vom Individuum auf soziale Beziehungen zwischenzeitlich unüblich geworden ist. Aber dann passiert etwas Erstaunliches. Als die von mir im Buch beschriebene Kindergeneration Ende der sechziger Jahre in die Universitäten einrückt, macht sie mein Buch plötzlich zu einem Renner. Binnen Monaten werden 300 000 Exemplare verkauft, dazu tausende Raubdrucke auf der Straße. Die jungen Leute entdecken: So sieht es in uns aus. Deshalb haben uns die Eltern nicht so sein lassen, wie wir eigentlich sind und sein wollen. Dieser Elterngeneration müssen wir ein neues Denken, eine neue Freiheit, eine neue Menschlichkeit abringen.

Die Jugendbewegung spaltet sich. Eine Gruppe rüstet sich zu revolutionärem Aktionismus. Keine Kompromisse mit einem verdorbenen System! Andere Teile ziehen sich in orthodox ideologische Zirkel zurück. Aber eine schnell wachsende Fraktion sammelt sich zu einer reformistischen Sozialbewegung. Ihr schwebt vor, sich gleichzeitig von gesellschaftlicher wie von innerer Repression zu befreien: Wir können die Gesellschaft nur humaner machen, wenn wir uns selbst verändern. Aus diesem Flügel kommen bald einige auf mich zu und wünschen, ich möge mich ihnen anschließen.

1962, inzwischen etablierter Leiter einer psychosomatischen Universitätsklinik, bin ich zu einem Teil immer noch der gerade Entlassene aus dem »Toten Hause« Dostojewskis und in erster Linie besorgt, die inzwischen geborenen eigenen drei Kinder mit dem zu verschonen, was ich in mir trage. Aber habe ich der Jugend mit meinem Buch *Eltern, Kind und Neurose* nicht

Beistand versprochen? Kann ich verweigern, was man mir zutraut? Und wollen die jungen Leute nicht etwas, was Bergrun und mir ohnehin vorschwebt? Also mache ich mit und bringe es irgendwie fertig, klinische Forschung, Lehre, Organisatorisches mit meinem Engagement in Einklang zu bringen und zugleich zwei Kinderläden zu begleiten, zehn Jahre in einer Obdachlosen-Initiative mitzuarbeiten und ein psychosoziales Versorgungsmodell auf dem Land mitzuentwickeln, das mehrere Beratungsdienste, Ergotherapie, betreutes Wohnen und Tagesklinik einschließt. Viele ähnliche Projekte gedeihen ringsum von unten aus der Bürgergesellschaft heraus. In der Ära Willy Brandt treten soziale Programme von oben hinzu, etwa das staatlich finanzierte Modell *Humanisierung der Arbeitswelt*.

Staat und soziale Bewegung kommen in einer Psychiatrie-Reform zusammen. In einem gewandelten Geist der Menschlichkeit soll eine Art gesellschaftliche Wiedervereinigung mit den psychisch Kranken stattfinden, um deren Stigmatisierung und Ausgrenzung ein für allemal ein Ende zu machen. Es ist ein Test: Schafft es die Gesellschaft, das Brandt'sche Prinzip einer Politik der »Compassion« an – oder besser *mit* dieser großen Gruppe zu verwirklichen? Wird sich die Gesellschaft dadurch mit sich selbst aussöhnen, nachdem sie unter Hitler den eigenen heimlichen Selbsthass an den Schwächsten abreagiert und sich dadurch in grauenhafter Weise entwürdigt hatte?

Mir obliegt es, ein Jahr lang zusammen mit 30 jüngeren Leuten aus Psychiatrie, Psychoanalyse und Sozialdiensten koordinierend eine Enquete vorzubereiten, die den Sektor psychosoziale Versorgung betrifft. Die Leidenschaftlichkeit, die in dieser Zusammenarbeit auflebt, charakterisiert noch einmal den idealistischen

Schwung der Erneuerungsbewegung, und ich bekomme die Gelegenheit, die schon gewonnene persönliche Verbindung zu Willy Brandt zu vertiefen.

Aber ich bin dabei, mit dem Bericht von meinem politischen Engagement meine innere Entwicklung gleichsam zu überholen, angefeuert von der Erinnerung an die stürmische Jugend. An dieser Stelle möchte ich an zwei Psychoanalytiker erinnern, die mir geholfen haben, den Zusammenhang zwischen Innenwelt und Politik besser zu verstehen und daraus Folgerungen für eigenes Handeln zu ziehen.

Anpassung ist keine Option: Paul Parin

Über meine berufliche Biographie scheint bis zu diesem Punkt das Wichtige gesagt: Studium in Philosophie und Medizin. Ausbildung zum Psychiater und Psychoanalytiker. Kinder- und Familientherapie. Aufbau eines Psychoanalytischen Instituts und eines Psychosomatischen Zentrums in einer Universitätsstadt. Doch in jeder der Stellungen und Institutionen lebe ich mit Menschen zusammen, die wie ich selbst indirekt beeinflusst sind durch eine Ära des Ungeistes, der Gewalt und der Selbstentfremdung. In den Kindern steckt viel von dem psychisch Unverarbeiteten der Eltern. In Euthanasie und Holocaust will sich niemand wiedererkennen. Die Psychoanalyse will dort weitermachen, wo sie vor Hitler war, aber ohne die Gesellschaftskritik der zwanziger Jahre und ohne die einst von Anna Freud begründete psychoanalytische Pädagogik, weil Erziehungseinfluss neuerdings als irrelevant für die Neurosenbildung gilt. Bis Ende der sechziger Jahre findet keiner der Kongresse der Internationalen Psychoanalytischen Vereinigung Platz für ein Vortragsthema der politischen Psychoanalyse.

Dass ich in meiner Berliner Beratungs- und Forschungsstelle in einem fort mit generationenübergreifenden Konflikten konfrontiert werde, die unter anderem vom Schicksal der Eltern aus Hitlerzeit und Krieg verursacht sind, kann mich nach den eigenen traumatisierenden Erfahrungen nicht überraschen. Überrascht bin ich allerdings, als die kritische Jugend die totgesagte psychoanalytische Pädagogik in *Eltern, Kind und Neurose* neu entdeckt und daraus für ihr politisches Engagement Nutzen zieht.

Andauernd erlebe ich, wie in den Störungen der Kinder weiterwirkt, was Hitlerzeit und Krieg in den Eltern an psychischen Deformierungen angerichtet haben. Ich habe nach den Schreckensjahren ja selber Mühe, ich selbst zu sein, was ich jahrelang nicht sein durfte. Erstaunt bin ich dennoch darüber, wie die Heranwachsenden in den Krankengeschichten meines Buches eine Art Schlüssel entdecken, der ihnen verständlicher macht, was in ihrer Generation zwischen ihnen und den Eltern passiert ist und wie anders sie jetzt werden wollen. Diesen Aufbruch erleben Bergrun und ich auch bei den eigenen Kindern Ende der sechziger Jahre.

Jedenfalls fühle ich mich als Psychoanalytiker zu neuem Denken herausgefordert, um die Erschütterungen der Familienstrukturen und zugleich die verschiedenen Gruppenbildungen der Jugendlichen zu verstehen, in denen diese gemeinsam neue Beziehungsformen nach politischen oder auch psychoanalytischen Prinzipien ausprobieren. Es ist im Nachhinein schwer, deutlich zu machen, was damals in der Jugend vor sich ging.

Jahrelang hatte es so ausgesehen: Wir sind das, was der Staat und die Biologie mit uns machen. Jetzt wird klar: Was der Staat mit uns gemacht hat, war falsch. Wir sind ganz anders. Wir müssen uns neu erfinden als Frauen und Männer, als politische Bürgerinnen und Bürger und ein neues Gemeinschaftsleben einüben. Damit müssen wir als Jugend anfangen. Wir haben keine Seele in einem geschlossenen Gehäuse, sondern leben von Geburt an auf andere bezogen. Am Anfang ist die Beziehung und nicht das Ich. Beziehung aber auch zu den Vorgängern, von denen wir vieles verinnerlicht haben. Damit erweitert sich der Blickwinkel bis zur Politik. Politik, das ist nicht nur das, was mit uns gemacht wird und was wir in der Demokratie mitmachen.

Politik hat auch eine *Innenseite*. Diese Innenseite ist maßgeblich für die Richtung der Politik. So wie Politiker als Menschen sind, so sieht auch ihre Politik aus. Umgekehrt verrät die Gemeinschaft eines Volkes viel von der eigenen Psychologie, je nachdem, welchen Politikern sie sich anvertraut. Die Untersuchung dieser Wechselbeziehung wird im Folgenden immer wieder als Thema auftauchen, weil sie zu einem nicht geringen Teil meinen Lebensweg bestimmt.

Ein Psychoanalytiker, der mir dabei geholfen hat, Freuds Wissenschaft vom Unbewussten außer in der Medizin auch auf Politik und auf mein eigenes Engagement in dieser anzuwenden, ist Paul Parin. Er kommt aus Zürich und ist sieben Jahre älter als ich. Während des Zweiten Weltkriegs hat er zeitweilig als Chirurg in einem Lazarett der Jugoslawischen Befreiungsarmee in einem kroatischen Partisanengebiet gearbeitet. Danach wird er Psychoanalytiker und leitet zusammen mit Fritz Morgenthaler ein psychoanalytisches Ausbildungsinstitut in Zürich, das in seinem liberalen Stil von den strengeren Regelungen der meisten Freud-Institute abweicht. Eines Tages stehen beide vor meinem Haus in Berlin. Sie interessieren sich für meine Untersuchungen über die Eltern-Kind-Beziehungen und erzählen spannend von ihren ethno-psychoanalytischen Studien in einem westafrikanischen Volksstamm. Aber noch eine andere kleine Geschichte haben sie mitgebracht, nämlich die von einem Affenkind, das hilflos neben seiner toten Mutter gehockt hat. Sie haben das Kleine bis in die Schweiz geschmuggelt und in Westfalen einen kleinen Zoo gefunden, der eine Affengruppe der gleichen Rasse beherbergt. Dort haben sie ihren Schützling untergebracht. Sie werden ihn im Folgejahr besuchen und schauen, wie es ihm geht. Scheinbar eine banale Story.

Aber sie lässt zwischen uns gleich eine Vertrautheit entstehen, die lebenslang anhalten wird. Die beiden Schweizer erfreuen sich ihrerseits an einer jungen Nebelkrähe, die als Hausgenossin bei uns teils in der Wohnung, teils im Garten lebt. Sie war aus dem Nest gefallen und mir von einer Vierzehnjährigen gebracht worden, die ich nach einem Selbstmordversuch betreute.

Mit Parin und seiner engagierten Frau Goldy, die im spanischen Bürgerkrieg die roten Brigaden gegen Franco unterstützt hat, treffen Bergrun und ich uns, wann immer sich dafür Gelegenheiten bieten. Mit Paul verbindet mich das Unbehagen darüber, dass der Mainstream der Psychoanalyse immer mehr den Elan einer unbotmäßigen kritischen Bewegung verliert und stattdessen, wie Paul es ausdrückt, »den Anschluss an eine mächtige, integrierte und konforme Schicht des Dienstleistungssektors gefunden hat.« Es sei zu untersuchen, »wie die Psychoanalytiker aus einer subversiven liberalen Intelligenzia zu einer angepassten konservativen Schicht geworden sind.« Er untersucht und kritisiert diese Entwicklung in zahlreichen Beiträgen, leidet zugleich deutlich an dieser zunehmenden Entpolitisierung und Anpassung der Zunft. Volle Befriedigung findet er indessen in der Ethnoanalyse und im Verfassen von originellen, anspruchsvollen Erzählungen, die von der Kritik hoch gelobt werden. Für mich bleibt er das Vorbild eines standhaften Repräsentanten einer kämpferischen politischen Psychoanalyse, dem ich, wie zahlreiche seiner Freunde, nachwirkende Ermutigung verdanke.

Aufklärung gegen Hörigkeit und Verdrängung: Alexander Mitscherlich

Alexander Mitscherlich, unter Hitler im Widerstandskampf, ist ebenfalls mit Parin freundschaftlich verbunden. Er ist noch nicht Psychoanalytiker, als er mit seiner Dokumentation des Nürnberger Ärzteprozesses von 1946 den Kern der Verdrängung maßgeblicher Teile der deutschen Ärzteschaft trifft, und sich von diesen eine lebenslange Ächtung zuzieht. Erst 1958/59 lässt er sich in London psychoanalytisch ausbilden und gründet 1960 das Sigmund-Freud-Institut in Frankfurt. Wir sind schon seit Jahren befreundet, als er 1967 zusammen mit seiner Frau Margarete das große Standardwerk über die Nazi-Verdrängung der Deutschen herausbringt. Es ist *Die Unfähigkeit zu trauern*. Die Mitscherlichs analysieren die Hörigkeit der Massen als Identifizierung mit dem scheinbar unwiderstehlichen Ich-Ideal Hitler und die spätere »Derealisierung« der Erinnerung. Was man auch immer an dieser Analyse kritisieren mag – sie erfüllt mit der gestifteten Aufregung ihren Zweck, nämlich einen kollektiven Verdrängungswiderstand aufzubrechen. Und das ist gut so. Ich selbst habe damals der Deutung der Mitscherlichs noch eine ergänzende hinzugefügt, nämlich die prompte Übertragung der Hörigkeitsbindung von Hitler auf die Westalliierten, an der Spitze die Amerikaner: Wir wären doch schon längst so wie diese, wenn die Nazis uns nicht daran gehindert hätten. Jetzt sind wir wieder so, wie wir eigentlich immer schon waren. – Der nahende Kalte Krieg unterstützt diesen Mechanismus.

Jedenfalls verdanken wir der überaus eindrucksvollen Aufklärungsarbeit der beiden Mitscherlichs ein Wachhalten der Erinnerung und ich persönlich einen beruflichen Aufstieg. Nachdem die Medizinische Fakultät Frankfurt dem vermeintlichen Verräter Mitscherlich einen Lehrstuhl verweigert hat, vergibt der hessische Ministerpräsident Georg-August Zinn die Professur nach Gießen, wo man mich in der vergeblichen Hoffnung beruft, ich würde mich ähnlicher Kritik enthalten. Mitscherlich bleibt neben Paul Parin und Marie Langer die herausragende Figur, die nach dem Krieg die Tradition der politischen Psychoanalyse aus den zwanziger Jahren erfolgreich fortsetzt. Mitscherlich ist der kritische Aufklärer der gebildeten Elterngeneration, die er als Widerständler unerbittlich am Verdrängen der Nazischuld hindert. Ich hingegen als der 15 Jahre Jüngere gerate aus der Eltern-Kind-Forschung in die beschriebene Rolle eines Begleiters, Unterstützers und Chronisten der reformistischen Nachkriegsjugend. Deren kreative Erinnerungsverarbeitung als Psychoanalytiker zu unterstützen ist meine Aufgabe geworden.

Politik der »Compassion«: Willy Brandt

Kein Politiker ist der Aufbruchstimmung der reformistischen Jugend so nahe gekommen wie Willy Brandt und diese keinem Politiker so nahe wie ihm. Sein Kniefall vor dem Warschauer Gettodenkmal ist keine kalkulierte Geste. Er nimmt auf sich, wofür er persönlich als vertriebener Flüchtling keine Schuld trägt. Aber mit seinem Eingeständnis und seiner Bitte um Vergebung gibt er ein Zeichen für alle, insbesondere für die Jugend, der er damit hilft, sich wieder aufzurichten. Noch aus dem kleinen besetzten Westdeutschland wirkt er versöhnend in die ganze Welt hinaus. »Dieser Willy Brandt sorgt dafür, dass wir vor euch Deutschen keine Angst mehr haben müssen«, bekomme ich auf einer Studienreise durch Russland verschiedentlich zu hören. Aber ich bin besorgt: Wie kann einer mit solchen humanistischen Visionen in einer von irrationalen Machtegoismen beherrschten Szene bestehen? Die Antwort kommt 1974: Brandt stürzt als Kanzler.

Darüber schreibe ich einen psychoanalytischen Essay im *Spiegel*. Brandt darf nicht resignieren. Die ihn im Stich gelassen haben, sollen ihr eigenes Versagen begreifen. Und das Publikum soll seine Hoffnung nicht mit Brandts Sturz begraben. Im Einzelnen erläutere ich: Schon der Aufstieg eines so sensiblen und so wenig zu Argwohn begabten Mannes zur Kanzlerschaft ist beinahe ein Wunder. Aber oben angekommen, braucht so einer robuste Mitkämpfer, die ihm Flankenschutz geben und seine »blinden Flecken« abdecken. Das geht eine Weile gut, solange der Läuterer gebraucht wird, um dem Wiederaufstieg aus der Nacht der Schande voranzuleuchten. Doch nach dem großen Wahlerfolg

1972 ist es mit der Solidarität im Spitzenteam vorbei. Ungenierte Egoismen von Kabinettskollegen und eine provozierende außenpolitische Extratour Herbert Wehners lassen den Kanzler schließlich allein dastehen, als der Arglose in der Guillaume-Spionageaffäre eine geschlossene Unterstützer-Front um sich gebraucht hätte.

Zu meiner Freude lädt Brandt mich nach Bonn ein. Meiner Analyse stimmt er voll zu und ergänzt sie noch durch aufschlussreiche Details. Bei einem meiner folgenden Besuche hält er ein großes altes Wahlplakat in den Händen. Es hatte für den roten Senat in Wien geworben. Ein Unterzeichner hieß Sigmund Freud. Brandt ist ein Freund der Psychoanalyse. Als Asylant in Oslo hatte er in Seminaren des ebenfalls vor den Nazis geflüchteten Psychoanalytikers Wilhelm Reich gesessen. Als ich einmal erwäge, in die SPD einzutreten, rät mir Brandt ab: »Wenn Sie uns mit kritischem Wohlwollen begleiten, sind Sie uns nützlicher, als wenn Sie aus Loyalität verschweigen müssen, was Ihnen nicht passt.« Er hat meine Rolle genau verstanden und mich darin bestätigt. Mein Platz ist an der Seite der Bürgerbewegung. Denn die Widerstandskraft für eine Humanisierung der Politik braucht den Elan aus dem Volk, vorläufig noch aus der Nachfolgegeneration der Nazi-Eltern. Die Regenerationskraft aus dem Aufbruch der 68er darf nicht verloren gehen.

1980 erweist sich der gute Kontakt mit Brandt noch einmal als hilfreich. An einem Sonntagvormittag erfahre ich, dass die mehreren hundert Millionen für die Durchführung der Psychiatrie-Reform gerade wieder zu Einsparungszwecken aus dem Haushaltsplan gestrichen worden sind. Anruf bei Willy Brandt: Diese Reform sei ein zentraler Baustein seiner Humanisierungs-

Mit Willy Brandt 1976

politik. Ob sich da nicht doch etwas machen ließe? Vielleicht haben wir Glück, lautet die prompte Antwort. Am Nachmittag komme Finanzminister Matthöfer zu ihm. Matthöfer kommt, und die Gelder werden gerettet.

Als Chef der SPD bleibt Brandt die Seele der Partei. Aber deren Widerstandskraft schwindet und auch der Elan der humanistischen Reformbewegung. Der atomare Bedrohungswettlauf schwächt das Pro, den Glauben an das Bessere. Das Anti, die Verhütung des Schlimmeren bekommt den Vorrang: Willy Brandt kämpft auf Großdemos gegen den Atomkrieg, Helmut Schmidt plant 1979 im sogenannten Nato-Doppelbeschluss vorsorglich die Installation von US-Atomraketen in der Bundesrepublik. Die SPD spaltet sich.

Macht und Staatsräson: Helmut Schmidt

Im Juni 1980 sitze ich im Umkleideraum für meine wöchentliche Fußballrunde. Da fragt uns Mitspieler Horst Löb, Physikprofessor: »Ratet mal, wie viel atomare Sprengkraft, in Dynamit umgerechnet, ist jetzt schon für jeden Erdenbürger gehortet?« Wir rätseln: 100g? Ein paar Kilo? Nein: 15 Tonnen. Mir bleibt die Sprache weg.

Am folgenden Tag habe ich an der Universität einen Vortrag über soziale Verantwortung zu halten. Mein dafür präpariertes Manuskript lasse ich zu Hause. Was ist jetzt wichtiger, frage ich, als uns gegen diese unmenschliche Zumutung zu wehren? 20 Zuhörer sammeln sich nach meiner Rede. Es ist der Auftakt zur Bildung einer regionalen Friedensinitiative. Von unserem Psychosomatischen Zentrum aus organisieren wir umgehend eine Ausstellung über Hiroshima. Dazu laden wir eine Woche lang Schulklassen ein. Diesen präsentieren wir auch einen Film über das Milgram-Experiment, das zeigt: Menschen sind bereit, andere zu foltern, wenn eine vermeintliche Autorität ihnen die Verantwortung dafür abnimmt. Wir brauchen aber eine Jugend, die zu widerstehen lernt. Eine Jugend, die nicht nur destruktive Atomwaffenpolitik ablehnt, sondern sich vor dem Grundübel der Vorgängergeneration bewahrt, nämlich der Hörigkeitsautomatik. Wir brauchen eine Jugend, die ihr Gewissen nicht korrumpieren lässt.

Kanzler Schmidt hört von meinen stark besuchten Aufklärungsveranstaltungen und lädt mich zu einem mehr als zweistündigen Gespräch in seinen Kanzler-Bungalow in Bonn ein. Ich habe von diesem Treffen schon anderswo erzählt, erkenne aber erst jetzt, dass dieses Gespräch nicht nur den Wesensunterschied dieses bemerkenswerten Mannes zu Willy Brandt deutlich macht, sondern zugleich den Gegensatz zweier im Zeitgeist verankerter Grundpositionen, der uns zu einer Stellungnahme herausfordert.

Schmidt, 1981 noch Kanzler, hat auf dem Tisch vor sich den Text einer Rede, die ich soeben auf einer Tagung von Friedensgruppen in Hamburg gehalten habe. Mit kritischen Randbemerkungen hat er eine Passage versehen, in der es heißt: »Wenn längerfristig nur eine echte Abrüstungspolitik den Frieden zu sichern vermag, so kann eine solche Politik nur von Menschen und Gremien getragen werden, die auch in psychologischem Sinne abzurüsten vermögen. Das bedeutet den Mut zu einer Haltung der Versöhnlichkeit, der Vertrauensbereitschaft und der Offenheit. Die Politik kann nur in dem Maße menschlicher werden, als in ihr Persönlichkeiten von jener Menschlichkeit wirksam werden, die sich etwa mit dem deckt, was wir unter psychosozialer Gesundheit verstehen.«

Darauf anspielend wehrt sich Schmidt gegen das Vorurteil in den Medien, wo er als der kalte Macher gelte im Kontrast zu dem »großen Menschenfreund Brandt«. Wir sprechen über seine Zurückhaltung, wenn es darum geht, Gefühle zu zeigen, zum Beispiel, ob ihm der dramatische atomare Rüstungswettlauf nicht auch Angst mache? Jedenfalls distanziert er sich nachdrücklich von der Friedensbewegung, die er für infantil und schädlich hält. In dieser heftigen Entwertung spüre ich, dass er gerade solche Gefühle abwehrt, von denen er wünscht, dass man sie ihm nicht absprechen möge.

Dann erhalte ich von ihm eine kleine Lehrstunde darüber, warum seine große Übersicht ihm eine besondere Führungsverantwortung abverlange. Er war Verteidigungs-, Wirtschafts-, und Finanzminister. In allen Bereichen sieht er sich in einer herausragenden Pflicht, der er im Sinne der Kant'schen Pflichtethik nachzukommen versuche. Das gibt mir Gelegenheit, Kants spätere Anerkennung des Enthusiasmus zu erwähnen, den die Ideen der Französischen Revolution bei den Nachbarvölkern geweckt hätten. Denn wahrer Enthusiasmus – so Kant – gehe immer »aufs Moralische«. Doch Schmidt bleibt beim nüchternen kategorischen Imperativ. Irgendwie landet er dann bei den politischen Führern der USA und der UdSSR, denen er knapp anerkennende oder abschätzige Zensuren verpasst. Und dann sind wir bei Luther, der Recht gehabt habe, die Kirche zu reformieren. Aber er hätte sie – so Schmidt – nicht spalten dürfen. Mit Papst Johannes Paul II. habe er schon zweimal gesprochen. Der habe sehr genau zugehört, als er ihm nahegelegt habe, angesichts der Bevölkerungsexplosion die Stellungnahme der Kirche zur Geburtenregelung zu überdenken. Und er werde mit dem Papst sicher noch ein drittes Mal sprechen.

Angefangen hatten wir vor zwei Stunden ganz unten, bei Schmidts Wunsch nach mehr Sympathie. Warum lieben die Leute Willy Brandt? Warum verstehen sie mich nicht besser? Aber entzieht er sich ihnen nicht selbst, wenn er die Friedensbewegten Verachtung statt Anteilnahme spüren lässt? Und wenn er – was ich übergangen habe – die Umweltängste der Grünen töricht findet? Nun sind wir ganz oben angekommen bei ihm, dem selbsternannten »Obergutachter«, der sie alle seinem Urteil unterwirft, sein Kabinett, die politischen und geistigen Führer der Welt bis hin zu Luther und Papst. Nur Kant bleibt stehen als überragende intellektuelle und moralische Instanz.

Ich spüre Schmidts Einsamkeit. Er möchte dichter an die Menschen heran, zumal da er seine baldige Abwahl voraussieht. Er erntet meine Hochachtung, aber nötigt sie mir ein wenig zu massiv ab. Ich bewundere seinen Scharfsinn, zugleich graut mir vor seiner Entscheidung, das atomare Wettrüsten mit amerikanischen Pershing-Raketen von der Bundesrepublik aus zu forcieren. Später wird er an der Einbildung festhalten, die von ihm veranlasste Bedrohung Moskaus mit den aus Amerika herbeigeholten Pershings habe den Kalten Krieg entschieden. Er wird nicht gelten lassen, dass es in Wahrheit Gorbatschow ist, der seit 1985 mit der Entstalinisierung, der Freigabe der Blockpartner und mit seinen unermüdlichen Friedensbemühungen schließlich den Eisernen Vorhang überwindet. Wie sich herausstellt, wäre es den Russen ein Leichtes gewesen, mit unverzüglich in der DDR aufgestellten Kurzstrecken-Raketen die Pershings in der Bundesrepublik auszuschalten, bevor diese nach Moskau hätten starten können. Das kann man bei Egon Bahr nachlesen. Nicht Schmidt, sondern Gorbatschow heißt der Friedensstifter.

Doch noch einmal zu unserem Gespräch. Ein Mächtiger ersehnt Verständnis und Sympathie für sein Inneres. Aber er wagt sich mit diesem Inneren kaum hervor, erläutert mir stattdessen, dass er hundertmal verdient, was er ersehnt. Dann sieht es so aus, als ob die anderen zuerst ihn bräuchten, nicht er sie. Ihn, der sicher zu sein vorgibt, die Dinge am besten zu verstehen und immer das Beste zu wollen. Aber stimmt das mit der Sicherheit? Warum bringen ihn Friedens- und grüne Bewegung gleich in Rage?

Es war ja seine eigene Frage an mich, warum er den Leuten anders als Willy Brandt eher als der kalte Macher erscheine, der er jedoch nicht sei. Und der ist er ja auch nicht. Er übt sein Amt mit Leidenschaft und mit großem Verantwortungsbewusstsein aus. Doch traut er eben weder in sich selbst noch bei den anderen der Sensibilität, der Friedfertigkeit und der Versöhnlichkeit die nötige Energie für politische Verständigung zu. Deshalb hat sich damals die Partei zwischen Schmidt und Brandt gespalten. Dennoch hat sie auch von dem Ergänzungsverhältnis der Eigenschaften beider profitiert, von dem strategischen Rechner wie dem Politiker der »Compassion«. Keine der beiden Begabungen ist entbehrlich. Doch lässt sich mehr Zuversicht aus dem Glauben schöpfen, nicht die US-Raketen-Überlegenheit, sondern der beidseitige Aussöhnungswille habe den Kalten Krieg entschieden. Sonst bleibt Argwohn ewiger Antrieb weiteren Aufrüstens.

Die Amerikaner dagegen werden später auf der »Totrüstungstheorie« beharren. Und Schmidt wird die Bedrohung Moskaus mit den von ihm in die Bundesrepublik geholten Pershing-Raketen für entscheidend erklären. Aber wollen wir es in Zukunft weiter auf atomare Erpressung ankommen lassen? Oder trauen wir uns zu, radikal umzulernen? Ein Zeuge des Gespräches mit dem Kanzler geleitet mich aus dem Kanzler-Bungalow hinaus. Ein solcher eingehender Austausch habe dem Kanzler gewiss wohlgetan, meint er. Denn sonst sei es recht einsam um ihn in seinem Bungalow. So phantasiere ich ihn auch: Vor sich das Land und die Welt wie auf einem Schachbrett, den nächsten Zug exakt berechnend, etwa um Breshnew mit den Pershing-Raketen matt zu setzen.

Mehr Weiblichkeit ist mehr Menschlichkeit

Noch 1930 warnte Freud die Männer davor, sich zu viel Energie von den Frauen entziehen zu lassen, die sie selbst für ihre Arbeit am Kulturfortschritt benötigten, während die zum Sublimieren weniger begabten Frauen für Familie und Sexualleben zuständig blieben. Heute erkennen wir die Frauen nicht nur als geistig ebenbürtig, sondern bedauern, dass ihre Karrierebehinderungen den Männern ebenjene Rücksichtslosigkeiten erleichtern, die uns in die derzeitigen Krisen hineintreiben.

Es erscheint typisch für Willy Brandt, dass ihm die Gleichstellung der Frau auch in der Politik besonders am Herzen liegt. Er erkennt wie Schopenhauer, dass die Fähigkeit zum Mitfühlen Grundlage für eine Politik der Humanität ist. Schopenhauer allerdings hatte das Mitleid zwar als Wurzel des Gerechtigkeitsbewusstseins erkannt, es aber einseitig den Frauen zugeschrieben: Er sprach vom »Mitleid, für welches die Weiber entschieden leichter empfänglich sind«. Doch »der Gedanke, Weiber das Richteramt verwalten zu sehen, erregt Lachen; aber die barmherzigen Schwestern übertreffen sogar die barmherzigen Brüder«. Das schrieb Schopenhauer noch 1840 in seiner Preisschrift über das Fundament der Moral. Heute wäre es Schopenhauer selbst, der mit solcher Meinung Lachen oder Unwillen erregen würde. Und keiner würde Willy Brandt für seine Politik der »Compassion« unmännlich nennen, obwohl er damit dem klassischen Männlichkeitsstereotyp widerspricht.

Tatsache ist aber, dass es Frauen immer noch schwerer gemacht wird, in Führungsstellen aufzusteigen, was jedoch zur fortschreitenden Humanisierung unserer Kultur nottäte. Ich habe mich neuerdings in die Debatte über die Bankenkrise mit der Behauptung eingemischt, dass wir kaum ähnlich tief in das Zocker-Unwesen verstrickt worden wären, hätten Frauen in dieser Branche gleichgewichtige Machtpositionen inne. Jedenfalls nimmt Brandt das 100. Jubiläum des Buches *Die Frau und der Sozialismus* von August Bebel zum Anlass, 1978 einen Band mit dem Titel *Frauen heute* herauszugeben. Elf bekannte Schriftstellerinnen, Journalistinnen und Politikerinnen gewinnt er als Autorinnen. Als einzigen Mann lädt er mich zum Mitschreiben ein, was ich gern tue. Er selbst verfasst eine bemerkenswerte Einleitung:

»Wir leben in einer Zeit gewaltiger Veränderungen, und sie beschränken sich nicht auf den wissenschaftlich-technischen Bereich. Der Rüstungswettlauf fordert zur sorgenvollen Frage heraus, ob die Menschheit überleben will. Man beginnt zu erkennen, wie weitreichend und tiefgreifend die Fragen sind, die durch den Nord-Süd-Konflikt aufgeworfen werden. Man forscht nach den qualitativen Erfordernissen und Möglichkeiten des Wachstums. Das Verlangen nach einem neuen Humanismus, unterschiedlich motiviert, regt sich allenthalben.

Wer wagt zu sagen, daß es, gerade aus solcher Sicht, nicht einer gleichgewichtigen Mitverantwortung beider Geschlechter bedürfte! Gleichberechtigung wird zu einem unabweisbaren Gebot, wenn wir an die menschheitlichen Aufgaben denken, die den nächsten Generationen aufgegeben sind.«

Es lässt sich herauslesen: Brandt geht es nicht nur um die Ebenbürtigkeit der Frauen, sondern um ihre Unentbehrlichkeit, um gemeinsam zu einem »neuen Humanismus« aufzusteigen.

Männer benötigen den Mut, von den Frauen mehr soziale Sensibilität zu lernen, die Frauen wiederum mehr Mut, sich verantwortungsvolle Führungsaufgaben zuzutrauen. Und die Hoffnung wäre, dass daraus ein neues Geschlechterverhältnis erwüchse, eine gemeinsame Selbstverwirklichung zu einem Stadium hin, das ich Elterlichkeit zu nennen vorgeschlagen habe, nämlich das Erlernen einer Verantwortlichkeit, die, über die Kindererziehung hinausreichend, die Sorge für eine friedlichere und humanere Gestaltung der Lebensverhältnisse im Ganzen einschließt.

Ich stelle in meinem Text einige Befunde der eigenen psychoanalytischen Forschung vor, die wir in unserem Zentrum in empirischen Studien zusammen mit Dieter Beckmann und Elmar Brähler ermittelt haben. In unserem international bekannt gewordenen *Gießen-Test* stellen sich die Frauen, wie erwartet, als gefühlsoffener dar, ferner selbstkritischer, fürsorglicher aber vergleichsweise anfälliger für Angst und Bedrücktheit.

Aber was besagen diese Unterschiede? Man kann nicht unmittelbar herauslesen, ob Frauen und Männer in diesem Maße so unterschiedlich *sind* oder sich nur so unterschiedlich *darstellen*. Frauen fällt es leichter, Schwächen zuzugeben, während das Männlichkeitsstereotyp Männer eher dazu verführt, Robustheit hervorzukehren. Immerhin haben die Männer, wie bekannt, eine gesichert geringere Lebenserwartung. Die an das traditionelle Männlichkeitsideal am besten angepassten hektischen männlichen Aktivisten tragen ein überdurchschnittliches Herzinfarktrisiko. In unserer Klinik haben wir uns probeweise auf die Formel verständigt: »Das sichtbare Leiden der Frauen ist die unsichtbare Krankheit der Männer.« Das Ziel der Frauen-Emanzipation sollte also nicht sein, sich mit männlicher Gefühlsunterdrückung ein vergleichbares Infarktrisiko einzuhandeln, vielmehr ihre traditionelle soziale Wertewelt auf der Karriereleiter mit nach oben zu nehmen. Meinem Kapitel in Willy Brandts Frauenbuch gebe ich den Titel: »Mehr Weiblichkeit ist mehr Menschlichkeit. Beide Geschlechter können sich nur gemeinsam befreien.«

»Wir können nicht Menschen bleiben, wenn ...« Mit Michael Gorbatschow und Andrej Sacharow für eine Welt ohne Kernwaffen

18 Jahre nach seinem Kanzlersturz stirbt 1992 Willy Brandt, der Politiker der »Compassion«, der Humanist der Gutmenschlichkeit. Viele treffe ich in diesen Tagen, die Tränen vergießen, manche zur eigenen Verwunderung. Haben sie doch gar nicht mehr von dem gewusst, was jetzt in ihnen hochkommt. Mir überträgt die Partei die einführende Rede auf ihrer Berliner Gedenkfeier. Ich sage etwas über die ungewöhnliche Empfindung von Nähe und Liebe zu einem Politiker. Wer auch immer das Wort nimmt, Ignaz Bubis, Felipe Gonzales, Daniel Goeudevert, Günter Grass, Lev Kopelev, jeder möchte etwas von dem zurückgeben, was er bekommen hat. Nur einen möchte ich zitieren, den Botschafter der Gegenseite im Kalten Krieg, Valentin Falin:
> »Ich kann aus tiefer Kenntnis der Materie, aus unzähligen Stunden, die ich mit Willy Brandt geschenkt bekommen habe, hier sagen: Ohne Willy Brandt wäre das heutige Europa nicht möglich gewesen. Ohne Willy Brandt wäre es unmöglich gewesen, die Mauer fallen zu lassen. Ohne Willy Brandt wäre der Gedanke an Versöhnung kaum Realität geworden. Ein Gedanke, der uns trotz aller Schwierigkeiten in West und Ost, in Nord und Süd doch Hoffnung gibt. Bevor die Mauern fallen, die auf der Erde stehen, muss man die Mauern in unseren Köpfen, in unserer Seele überwinden. Die Mauern aus Hass, die Mauern aus Voreingenommenheiten, die Mauern aus Misstrauen. (...)
> Ohne Willy Brandt gäbe es keinen Moskauer Ver-

trag, ohne Willy Brandt gäbe es keinen Warschauer Vertrag. Ohne Willy Brandt gäbe es keine Schluss- akte von Helsinki, ohne ihn gäbe es keine Vereini- gung Deutschlands.«

Das alles sagt der Ex-Botschafter, der von der Gegen- seite aus so genau wie kein anderer die Krisen und Er- folge der russisch-deutschen Beziehungen beobachten konnte. Durch zahlreiche Begegnungen und gemein- same Interviews sind Falin und ich Freunde geworden. Falin hat die überragende Bedeutung Brandts für die Aussöhnung unserer beiden Völker besser verstanden als die hiesige Öffentlichkeit und mancher heimische Politiker. In seiner Rede hat Falin noch einmal anklin- gen lassen, was ein Staatsmann vermag, der in den See- len der Menschen jene Verbundenheit fühlbar macht, aus der heraus eine Versöhnungspolitik geradezu un- ausweichlich ist.

Mit der bewegenden Gedenkfeier für Willy Brandt bin ich dramatischen Jahren vorausgeeilt, in denen die Krankheit Friedlosigkeit uns mehrfach an den Rand ei- ner tödlichen Katastrophe bringt. Der Exkommandeur der US-Nuklearstreitkräfte General Lee Butler wird später sagen, es war wohl eher eine himmlische Gnade als menschliche Besonnenheit, die uns ein atomares In- ferno erspart hat. Ich selbst rede als Vertreter der Inter- nationalen Friedensärzte in Bonn, Washington und Moskau über den atomaren Wahn. Auch der UN-Ge- neralsekretär benutzt diesen Ausdruck. Warum empfin- den wir den Nazi-Wahn als barbarisch, finden aber nichts dabei, dass der Hiroshima-Bomber christlich ein- gesegnet wird, der 200 000 Menschen umbringt? War- um lassen wir diejenigen sich auf Gott berufen, die mit dem Risiko spielen, die Schöpfung zu vernichten?

Aber der Westen phantasiert sich durch eine Märtyrerfigur im östlichen Feindesland als unantastbar. Es ist Andrej Sacharow, Erfinder der russischen Wasserstoffbombe, als Menschenrechtler und Systemkritiker in der UdSSR geächtet und verbannt. Als Kronzeuge des kommunistischen Bösen wird er zur Trumpfkarte für die psychologische Kriegsführung des Westens. Wie durch eine wunderbare Fügung gelange ich in die Nähe dieses Mannes, einer weiteren Schlüsselfigur unserer Epoche.

Aber eins nach dem anderen. Meine kritischen Analysen der Atomrüstungs-Mentalität verschaffen mir verschiedene internationale Vortragseinladungen. Veranstalter sind in der Regel Sektionen unserer ärztlichen Friedensbewegung. Ein heimlicher Wunsch geht in Erfüllung: in Moskau für den Frieden sprechen zu können, nachdem ich als Achtzehn-, Neunzehnjähriger auf Russen geschossen hatte und nachdem später meine Eltern von russischen Besatzungssoldaten getötet worden waren. Bald nach meinem Moskauer Auftritt werden Bergrun und ich zu Gorbatschows großem Friedensforum eingeladen, das am 16. Februar 1987 im Kreml stattfindet. Es kommen Wissenschaftler, Schriftsteller, Künstler, Kirchenleute, auch Industrielle und Banker, Frauen und Männer aus allen Kontinenten.

Gorbatschow begeistert mit einer großen Rede zum Thema »Für eine atomwaffenfreie Welt, für das Überleben der Menschheit«:

»Uns alle vereint die Gefahr eines nuklearen Todes, einer ökologischen Katastrophe und eines globalen Ausbruchs der Widersprüche zwischen Armut und Reichtum in den verschiedenen Teilen der Welt. (...) Deshalb müssen wir trotz aller zwischen uns bestehender Gegensätze lernen, uns als eine große Familie zu begreifen und entsprechend zu handeln.«

Dies ist das Konzept eines neuen Denkens, das an die

Position Willy Brandts anschließt. Die Bewältigung der Probleme dürften wir nicht allein den Politikern überlassen. Alle gesellschaftlichen Gruppen müssten dazu gehört werden. Die Abrüstung der Atomwaffen müsse vornan stehen. – Er spricht ruhig, aber mit großer Bestimmtheit und Überzeugungskraft.

Es ist eine anspruchsvolle, zu Herzen gehende Rede. Sie will ermutigen und erreicht dieses Ziel. Viele stehen danach an den Ausgängen des Kreml-Saals zusammen, als wollten sie sich ihrer Solidarität gleich hier versichern. Zusammen mit dem Atomphysiker Hans-Peter Dürr sammle ich ein paar Leute. Wollen wir uns nicht zusammentun, auch noch andere gewinnen, um daran weiterzuarbeiten, was Gorbatschow fordert?

Bald sind wir acht, darunter Evgenii Velikov, Vizepräsident der Moskauer Akademie der Wissenschaften. Ihm gefällt unser Plan. Er erzählt später Gorbatschow, was wir vorhaben. Anderntags begrüßt Gorbatschow unsere Idee im Plenum. Andere schließen sich uns an. Es ist die Geburtsstunde einer Initiative, die sich später »International Foundation for the Survival and the Development of Humanity« nennen wird. Am Ende werden wir 30 Leute sein, darunter Susan Eisenhower, Robert McNamara, US-Ex-Verteidigungsminister, später Präsident der Weltbank, John Sculley, Chief Executive Officer von Apple Computers, David McTaggart, Chairman von Greenpeace International – und Andrej Sacharow, den die Welt immer noch in quälender Verbannung wähnt.

Wir treffen uns in Triest, Stockholm, Washington und mehrmals in Moskau, wo Gorbatschow uns jedes Mal empfängt, uns zuhört und mit uns redet wie in einer vertrauten Runde. Gorbatschow fragt jeden von uns, was den Einzelnen oder die Einzelne bewegt und was wir erwarten. Zu einer denkwürdigen Szene wird eine in großer Offenheit geführte Auseinandersetzung zwischen Sacharow und Gorbatschow. Hier der aus der stalinistischen Verbannung in Gorki befreite standhafte Menschenrechtler, dem die Stalinisten die Entgegennahme des Friedensnobelpreises verboten hatten, dort der Führer der kommunistischen atomaren Weltmacht. Beide im Kampf um die Menschlichkeit in einem apokalyptischen Drama.

Ungeniert kritisiert Sacharow die immer noch unbefriedigende Menschenrechtslage in der UdSSR: Funktionärswillkür, unwürdiger Strafvollzug usw. Gorbatschow hört ruhig zu, gesteht Missstände ein, zeigt Verständnis für Sacharows Ungeduld. Er wünsche selbst die Humanisierung zu beschleunigen, aber die Hindernisse aus langer Tradition ließen sich nur schrittweise überwinden. In keinem Augenblick kehrt Gorbatschow den Machthaber heraus, während Sacharow der Respekt vor Gorbatschows Glaubwürdigkeit anzumerken ist. Es sind zwei, die auf gleicher Augenhöhe das Ziel einer versöhnten Welt vor sich haben.

Ein zentraler Punkt macht beide zu Verbündeten. Es ist das Verlangen, die Nuklearwaffen bis zum Jahre 2000 aus der Welt zu schaffen. Bis heute geht mir nach, mit welcher Verzweiflung Sacharow uns bedrängt, den Kampf gegen die Atomwaffen über alles zu stellen. »Wir können nicht Menschen bleiben, wenn wir diese Waffen behalten wollen!« Wir sollten alle begreifen, erstes Menschenrecht müsse es sein, nicht unter dem Damoklesschwert dieser Bedrohung leben zu müssen. Die eigene Mitschuld an der Erzeugung dieser Gefahr zerreißt Sacharow innerlich. Und wohl alle in der Runde denken daran, dass seine schwere Herzkrankheit auch Ausdruck seines inneren Konfliktes sein dürfte.

Am besten versteht ihn aus unserem Kreis Robert McNamara, den seine Vietnam-Schuld ähnlich quält. Die beiden Männer wachsen in unserer Runde zu Freunden zusammen. McNamara wird seine große Vietnam-Autobiographie 1995 mit den Worten abschließen: »Andrej Sacharow sagte: ›Die Verminderung des Risikos, dass die Menschheit in einem Atomkrieg ausgelöscht wird, hat absoluten Vorrang vor allen sonstigen Überlegungen!‹ Er hatte recht.«

»Wir können nicht Menschen bleiben, wenn wir die Atomwaffen behalten wollen!« Diese Worte Sacharows gehen mir nie wieder aus dem Kopf, ebenso wenig wie die Verzweiflung, mit der er das sagte. Und das verbindet sich in mir unmittelbar mit dem eigenen und dem Schicksal meiner Familie. Undenkbar, was Hitler angerichtet hätte, wäre er schon im Besitz der Atomwaffe gewesen!

Zusammen mit einigen anderen Stiftungsmitgliedern kann ich Sacharow 1988 zu Reden in die USA begleiten. Viele Amerikaner erwarten einen traumatisierten Ankläger Moskaus, der ihre eigene Hassprojektion verstärkt – und erleben einen Verbündeten Gorbatschows, dessen Friedensinitiative sie ernst nehmen sollen. Zuerst überrascht, erliegen sie mehrheitlich dann doch der Überzeugungskraft des großen Humanisten. Sacharows Vertrauenswerbung für Gorbatschow hinterlässt in Amerika Spuren.

In unserer Stiftung brüten wir eine Reihe von Projekten aus, die uns weiterbringen sollen in Fragen der Abrüstung, Friedenserziehung, Umweltschutz. Mir wird eine Untersuchung genehmigt, die die russisch-deutsche Verständigung voranbringen soll. Zusammen mit der

Moskauer Sozialwissenschaftlerin Galina Andreeva, ihrem Mitarbeiter Leonid Gozman sowie den Kollegen aus der Gießener Psychosomatik Hans-Jürgen Wirth und Roland Schürhoff fragen wir je 1000 Studierende aus Moskau und der Universität Gießen, wie sie sich selbst und gegenseitig einschätzen, wie sie die Chancen für die künftigen Beziehungen zwischen Russen und Deutschen beurteilen. Das Unternehmen kostet viel Arbeit, aber es gelingt. Die Ergebnisse lassen uns staunen:

Russen wie Deutsche sehen sich selbst kritischer, als sie jeweils von der Gegenseite eingeschätzt werden. Zwischen ihnen herrscht mehr Vertrauen als Misstrauen. *Nur wenn es euch in Zukunft gut gehen wird, wird es auch uns gut gehen.* Die Erinnerung an den Zweiten Weltkrieg brennt noch in den Köpfen, aber nicht als Hass, sondern als unbedingte Mahnung, in Zukunft zusammenzuhalten. Das wird gesagt, obwohl die Politik den Eisernen Vorhang und die Mauer noch nicht beseitigt hat. Die jungen Menschen sind schon da, wohin wir sie durch Verständigungsarbeit erst bringen wollten.

Ich denke an meine Begleitung der deutschen Nachkriegsjugend zurück, an ihre Entdeckung, dass sie eigentlich ganz anders war, als was von den Eltern aus der Nazi-Vergangenheit in ihre Köpfe eingegangen war. Und nun erkennen die jungen Russen, dass sie den Nachkommen jener im Denken ganz nahe sind, von deren Unterdrückung ihre Eltern ihr Land unter furchtbaren Opfern befreien mussten. Aber nun haben sie einen Gorbatschow vor sich, so wie die deutsche Jugend sich zuvor an einem Willy Brandt aufrichten konnte.

Und ich selbst? Spiele ich nicht meine alte Rolle weiter? Jetzt in der Nähe Gorbatschows wie früher als

Unterstützer Willy Brandts? Damals in einem Neuanfang nach Hitler, jetzt in einem politischen Neuanfang in der Entstalinisierung? Seinerzeit als Analytiker, Begleiter und Chronist der reformistischen Sozialbewegung, nun als Jugendforscher in der Friedensarbeit? Ist es auch kaum bedeutend, was ich beitrage, so tue ich zumindest etwas für meinen inneren Frieden, so wie Bergrun Genugtuung daraus zieht, wenn sie demnächst zusammen mit den »Frauen für den Frieden« im Balkankrieg ein Flüchtlingslager in Kroatien unterstützen wird.

Aus unserer Umfrage unter Russen und Deutschen wird ein Buch. Gorbatschow freut sich, als ich es ihm am Vorabend des 1. Golfkrieges bei unserem Treffen im Kreml schenke. Aber da ist der Kalte Krieg gerade vorbei, und unsere Ergebnisse regen keinen mehr auf. Mir persönlich bedeuten sie dennoch viel. Sieht es doch so aus, als bürge die herangewachsene deutsche und russische Jugend für genügend Widerstandskraft, um unwiederholbar zu machen, was vor einem halben Jahrhundert geschehen ist.

Das Gute missfällt uns, wenn wir ihm nicht gewachsen sind

Ende der achtziger Jahre weicht die Atomkriegsangst auch aus den Köpfen der Europäer. In Amerika ist sie schon verflogen. Dort hat der Philosoph Allan Bloom bereits 1987 seinen Bestseller *The Closing of the American Mind*, zu Deutsch *Der Niedergang des amerikanischen Geistes*, geschrieben. In der Mentalität der amerikanischen Studenten findet Bloom nichts mehr vom Kalten Krieg, dafür den Rückzug auf eine egozentrische Haltung. Gleichgültigkeit gegenüber der Vergangenheit und das Fehlen einer nationalen Zukunftsvision fallen ihm auf. Eigentlich möchte Bloom aufrütteln. Doch fast jeder Satz seines Porträts der amerikanischen Studenten verrät seine Enttäuschung: »Geistig ungerüstet, beziehungslos, isoliert, mit keinerlei ererbter oder vorbehaltsloser Bindung an irgendetwas oder irgendwen«, lautet sein Urteil, oder auch: »Da gibt es keine Notwendigkeit, keine Moral, keinen gesellschaftlichen Druck, kein Opfer, das zu bringen wäre und das dagegen spräche, diese oder jene Richtung einzuschlagen.«

Immerhin pochen die Amerikaner darauf, den Kalten Krieg gewonnen zu haben. Pentagon und Rüstungsindustrie triumphieren: Wir haben Gorbatschow totgerüstet. In Deutschland rühmt sich Ex-Kanzler Schmidt: Die amerikanischen Pershing-Raketen, von ihm in die Bundesrepublik geholt, hätten Moskau in die Knie gezwungen. Kein Wort von Gorbatschows Abrüstungsinitiativen. Dieser hat in unserer Foundation erzählt, wie er Ronald Reagan zum Frieden gedrängt und sogar eine vollständige atomare Abrüstung bis zum Millennium verlangt habe.

Aber warum pochen die Europäer nicht auf ihren Beitrag zur Befriedung? Auf die Entstalinisierung im Osten, auf die von Gorbatschow unterstützte Selbstbefreiung der Länder des Warschauer Paktes? Und schließlich – warum feiert die Friedensbewegung nicht die eigene Leistung, die Gorbatschow mir gegenüber als wichtige Unterstützung gelobt hatte?

Die Ernüchterung der Europäer folgt verzögert dem amerikanischen Beispiel. Die Atomwaffen bleiben in verminderter Zahl noch da. Aber sie erscheinen weniger schrecklich, etwa wie Raubtiere, die man in sicherer Verwahrung wähnt. Dass die Abrüstung stockt, wird wohl deshalb stumm hingenommen, weil die Leute bemerken, dass sie von einer Realität eingeholt werden, die sie voreilig überwunden geglaubt hatten. Das ist die Friedlosigkeit einer Konkurrenzwelt, die dem Anspruch einer großen Versöhnung immer noch widersteht. Zahlreiche Alt-68er verabschieden sich von ihren ursprünglichen Idealen. Nachträglich erscheint ihnen ihr früheres Aufbegehren wie eine pubertäre Revolte. Sie reden sich den Verrat ihrer humanistischen Visionen als politische Erwachsenheit schön. Aber es ist ihnen nicht wohl dabei. Und deshalb müssen sie die anderen hassen, die weiterkämpfen.

Im *Kursbuch 1994* preisen sie sich selbst stolz als »Verräter«, lassen es damit aber nicht genug sein, sondern müssen, so Henryk M. Broder vornan, verspotten, woran sie gestern noch geglaubt haben. Klaus Bittermann und Gerhard Henschel geben ein *Wörterbuch des Gutmenschen* heraus, in dem mehr als 30 Autoren 70 Begriffe als »moralisch korrekte Schaumsprache« entlarven, darunter »Menschlichkeit«, »Toleranz«, »Versöhnung«, »Unfähigkeit zu trauern«, »Schwerter zu Pflugscharen«.

Gerhard Henschel nennt ein Buch *Das Blöken der Lämmer* und behauptet, »daß leider fast alles Kitsch ist, was seit 1968, wenn nicht schon 1848 oder 1789, von den Linken in Film, Funk und Fernsehen, auf der Straße, in den Hörsälen, über den Wolken, in den Parlamenten, auf Kirchentagen oder Nachtwanderungen, im Betrieb und auf Balkonien, in Verlagen und Versandhäusern, im Kino, auf der Bühne, vor Gericht und hinter den Geräuschkulissen philosophisch, gegenkulturell, frauen- und friedensbewegt, literarisch, künstlerisch und musikalisch kolportiert worden ist«. Also links gleich Kitsch. Als Beispiele reiht er u. a. auf: Heinrich Böll, Günter Grass, Daniel Cohn-Bendit, Erhard Eppler, Erich Fried, Peter Härtling, Rolf Hochhuth, Herbert Grönemeyer, Reinhard Mey, Walter Jens, Ralph Giordano, Robert Jungk, Christa Wolf, Margarete Mitscherlich, Antje Volmer, Horst-Eberhard Richter, Herbert Marcuse, Max Horkheimer, Theodor W. Adorno.

Die sich hier als »Verräter« outen, wehren sich, wie leicht zu durchschauen ist, gegen projizierte Selbstvorwürfe. Sie hassen diejenigen, die sie selbst einmal waren, als ihnen Worte wie Toleranz, Versöhnung, Menschlichkeit noch Halt gaben nach Auschwitz. Hinter Häme verbirgt sich, wie die Psychoanalyse lehrt, oft geheime Traurigkeit. Resignieren tut weh. Tröstlicher ist, sich an solchen abzureagieren, die der Resignation widerstehen. Nietzsche traf ins Schwarze mit seiner Deutung: »Das Gute missfällt uns, wenn wir ihm nicht gewachsen sind.« Er kannte diesen Mechanismus nur zu gut, wie sein schönes Gedicht mit dem Titel »Vereinsamt« zeigt:

Die Welt – ein Tor
zu tausend Wüsten stumm und kalt,
wer das verlor,
was du verlorst, macht nirgends halt.

Nun stehst du bleich
Zur Winter-Wanderschaft verflucht
Dem Rauche gleich
Der stets nach kälteren Himmeln sucht.

Flieg Vogel, schnarr
dein Lied im Wüstenvogel-Ton!
Versteck, du Narr
dein blutend Herz in Eis und Hohn!

Die Krähen schrei'n
und ziehen schwirren Flugs zur Stadt:
bald wird es schnei'n, –
weh dem, der keine Heimat hat.

Warum zerstören sich diese hochintelligenten Wesen selbst? Eine Schauergeschichte

Unsere Friedensbewegung lebt weiter, allein die ärztliche Friedensorganisation IPPNW in 60 Ländern. Der Friedensnobelpreis, uns 1985 zuerkannt, ist ja, ähnlich wie kürzlich die Verleihung an Obama, weniger als Belohnung denn als Ansporn gedacht. Aber verringert hat sich die Sorge, die Menschheit vor einem akut drohenden Atomtod retten zu müssen. Die Krankheit Friedlosigkeit, wie sie Carl Friedrich von Weizsäcker genannt hat, ist in ein weniger spektakuläres, chronisches Stadium übergetreten. Die offizielle Version, dass die atomare Übermacht der USA und nicht der Versöhnungswille der Völker den Kalten Krieg besiegt habe, lastet auf der Stimmung. Sowohl die narzisstische Gleichgültigkeit, die Bloom bei der amerikanischen Jugend entdeckt, als der hiesige Streit zwischen den unermüdlich Engagierten und den »schnarrenden Wüstenvögeln« lassen den Psychoanalytiker an eine verschleierte Depression denken. Die Macht der Rüstungsindustrie ist ungebrochen, die Ausbreitung einer Mentalität egoistischer Korruption ist unverkennbar. Dazu die Unfähigkeit, sich zu einem energischen Kampf für den Klimaschutz und gegen die Naturzerstörung aufzuraffen – in all diesen Symptomen stecken Entmutigung und Ermattung.

Haben wir es in der Psychoanalyse gelegentlich mit Patienten zu tun, die sich unbewusst beharrlich selbstschädigend verhalten, kann sich eine Methode bewähren, die wir als »paradoxe Intervention« bezeichnen. Anstatt den Patienten ihren Irrweg auszureden, regen wir sie dazu an, ihren eingeschlagenen Weg zu Ende zu denken. Die Hoffnung ist, dass sie nach einer Weile erschrecken, innehalten und ihre Verblendung durchschauen. Irgendwann komme ich auf den Gedanken, eine Satire genau nach diesem Muster zu schreiben, und zwar eine Schauergeschichte. Sie heißt *Alle redeten vom Frieden*:

In einem späteren Jahrtausend landen Außerirdische auf unserem Planeten. Nach einer Weile kommen sie dahinter: Diese Erde war einmal von Wesen bevölkert, die sich Menschen nannten. Warum sind sie verschwunden? Aus mühsam entzifferten Unterlagen können die Außerirdischen rekonstruieren: Hier gab es neben dürftigen Siedlungen prächtige Städte, wo die Menschen sich einen sagenhaften Lebenskomfort geleistet hatten. Ganze Industrien produzierten Mittel für Gesundheit und Schönheit. Warum sind diese zweifellos hochintelligenten Wesen verschwunden? Zwar hatten sie furchtbare Waffen gehortet. Doch wie hätten diese um ihr Wohl so besorgten Wesen auf den Gedanken kommen sollen, sich selbst umzubringen? Jahrzehnte bleibt das Rätsel ungelöst. Doch dann stoßen die Fremden in einem Bergstollen auf gespeicherte Berichte, aus denen sie erraten können, warum und wie die Irdischen ihren Untergang planmäßig vorbereitet und schließlich vollzogen haben.

Ursprünglich waren sie einem Gott oder mehreren Göttern ergeben, deren Trost und Gnade sie erflehten. Dann aber verführte sie ein aufgeblähtes Selbstbewusstsein dazu, ihre Abhängigkeit in eigene Herrschaft umzuwandeln und sich in einer Art Allmachtsrausch die gewaltigsten Naturkräfte verfügbar zu machen. Gleichzeitig schrumpfte ihr Gewissen. Die Bindungskraft der Liebe verließ sie. Egoismus und Verantwortungslosigkeit trieben sie zu ausufernder Gewalt und zum Zerbrechen ihrer Gemeinschaften. Es gab reichlich Mahner und Warner, aber die wurden als Fortschrittsgegner, Technikfeinde oder schwächliche Gutmenschen heruntergemacht. Pessimistische Intellektuelle und Wissenschaftler schickte man in Therapie oder in Psychotrainings.

Doch irgendwann konnte man sich nicht mehr belügen. Vorboten eines globalen Klimaschocks und die Entschleierung einer gewaltigen Korruption bis hinauf in die Eliten der Finanz- und Wirtschaftssysteme öffneten den Menschen die Augen. Es war kein Feind, nicht die Natur, kein tragisches Schicksal – die Erdbewohner hatten ihre eigenen Lebensgrundlagen unumkehrbar ruiniert und waren dabei, dem Beispiel mancher früherer Kulturen zu folgen, die sich selbst in dem einen oder anderen Erdteil umgebracht hatten.

Eine Zeitlang konnte man sich noch mit Hilfe gigantischer Spektakel ablenken, mit Musikfesten, Weltmeisterschaften, Jagd auf Terroristen. Doch dann taten sich einige Wissenschaftler, führende Geheimdienstler und Chefdenker aus Beratungsagenturen zusammen und bildeten einen Verschwörerclub, den sie »Hermes« nannten – nach jenem Sohn des Zeus, der die Seelen vom Diesseits ins Jenseits begleitet hatte. In perfekt abgeschirmten Treffen suchten sie zunächst nach Auswegen aus dem furchtbaren Dilemma, brüteten über Computer-Simulationen und erforschten die schon von Wernher von Braun vorausgedachte Möglichkeit der Evakuierung des Planeten. Doch es fand sich keine Lösung. Klar wurde ihnen nur, dass es kein Zurück und kein Entkommen gab.

Einige Mitglieder aus der Kultur- und der Chemie-Industrie bildeten eine Untergruppe und nannten sich die »Palliativen«. Sie sagten: Gibt es schon keine Rettung mehr, dann muss man den Leuten wie in der Palliativ-Medizin wenigstens die Endzeit so erträglich wie möglich machen. Hören wir doch mit der Bekämpfung des Drogenhandels auf, den wir ohnehin nicht mehr in den Griff bekommen. Geben wir den Drogenkonsum frei, dann wird das Zeug billiger, und die Konsumenten müssen zum Kauf keine Verbrechen mehr begehen. Übrigens sei die Pharmaindustrie kreativ genug, um tausend weitere Mittel gegen Angst, Trübsal und Resignation zu erfinden. Wenn die Leute mit schönen Träumen dahindämmern – lasst sie doch! Aber was ist, wenn sie doch immer wieder aufwachen, erschrecken und panisch werden?

Dann müssen sie halt lernen, dass die Wahrheit Irrsinn ist, so wie es ihnen die moderne Kabarett-Szene ohnehin schon beibringt. Das Wahre ist künstlich, ist phantasiert, inszeniert, halluziniert. Was die Patienten in der Fernseh-Psychiatrie spinnen, ist die Realität. Was die Politik macht, ist Theater. Der Klimaschock ist großer Bluff, die Atomgefahr ein Schauermärchen. Die Wälder, die sterben sollten, sind noch da. Die Welt ist in Ordnung, nur wir selbst werden verrückt gemacht. Also können wir alles so sein lassen, wie es ist, bis plötzlich nichts mehr da ist.

Aber der von den Hermes-Mitgliedern gewählte Vorstand protestiert. Die Geistesverwirrung der Leute auf dem sterbenden Planeten noch zu steigern, sei gemein. Das sei keine humanitäre Palliativmedizin mehr, sondern zynische Grausamkeit. Die Leute müssten bei vollem Verstand erkennen, was ihnen bevorsteht und dass sie für ihre Schuld einzustehen haben. Sie dürfen sich nicht daran vorbeimogeln, dass sie Strafe verdient haben. Sie müssen für irgendwann nachfolgende Besiedler des Planeten Zeugnisse hinterlassen, woran sie selbst gescheitert sind.

Es bleibt nur, unter zwei Möglichkeiten zu entscheiden. Entweder die höchstens noch verbleibenden zwei bis drei Jahrhunderte heroisch zu ertragen oder irgendwann mit einem großen Knall Schluss zu machen. Das Durchhalten würde freilich schwerfallen. Die Erderwärmung und das Artensterben werden sich kaum aufhalten lassen. Gewaltige Überschwemmungen werden Küstenstädte verwüsten, die Trinkwassernot in Trockengebieten wird Millionen Opfer fordern. Massen von Klimaflüchtlingen werden Chaos und Gewalt stiften. Den armen, bevölkerungsreichsten Ländern drohen Hungersnöte von unvorstellbaren Ausmaßen. Noch einmal: Ist der friedlosen Menschheit zuzumuten, diese Phase endloser Schrecken durchzustehen, oder wäre nicht ein Ende mit Schrecken doch barmherziger?

Nach endlosen quälenden Diskussionen willigen auch die letzten Hermes-Zweifler ein: Lasst uns das Ende bald herbeiführen. Die technische Vorbereitung ist mühsam und heikel. Durch Auslösung der Signale für einen unmittelbar drohenden Erstschlag ergehen auf der Gegenseite in Minutenschnelle Startbefehle für einen Konterschlag der Land- und U-Boot-Raketen. Das Inferno weitet sich zu dem geplanten globalen Suizid aus. Die Kraft, die den Irdischen zum Überleben fehlte, reicht jedenfalls zur Organisation des höllischen Finales.

Als ich die Urfassung dieser Geschichte meinem damaligen Verlag präsentiere, lautet die Rückmeldung: Sechs Verlagsleute seien einig, mir vom Abdruck der Horrorstory abzuraten. Ich würde als humanistischer Autor meine eigene Lesergemeinde verprellen. Bestände ich auf einer Publikation, würde man mir aus Gefälligkeit notfalls 2000 Exemplare drucken, jedenfalls ohne Erfolgserwartung. Doch dann bekommt der gerade von einer Reise zurückgekehrte Geschäftsführer des Verlages das Manuskript in die Hand und entscheidet prompt: Das machen wir.

Das Buch wird international mein größter kommerzieller Erfolg. Der *Spiegel* druckt, entgegen seiner Gewohnheit, umfangreiche Auszüge in mehreren Folgen ab. Endlich wieder eine Millionenauflage!, freut sich der Chefredakteur. Der Verkaufserfolg ist umso bemerkenswerter, als ich meine Geschichte nicht in einem Happy End ausklingen lasse, wie das die Autoren der Terminator-Filme machen oder Spielberg in Jurassic Park. Ich belasse es am Ende des Textes bei einem Appell zum Engagement in der Friedensbewegung. Doch dieser Appell wird verstanden, was manche veranlasst, mich später zum Vater der Friedensbewegung der achtziger Jahre zu ernennen.

Ein Vierteljahrhundert später: Mich besucht ein junger Redakteur der »Kulturzeit« vom Fernsehsender 3sat, in der Hand die Satire *Alle redeten vom Frieden*. Er lässt mich im Garten des Instituts daraus vorlesen: Die Geschichte passe noch immer genau zu unserer Situation. Sie treffe, was die Leute insgeheim befürchten, aber nicht aussprechen. Die Film-Industrie kehrt ja auch immer wieder zu dem Thema zurück. Das neueste Produkt der Apokalypse-Serie: *Terminator: Die Erlösung* geht von einem atomar zerstörten Kalifornien aus. Doch darin kommt es wieder zu einem tröstlichen Ende, wie es im Action-Genre der Popkultur üblich ist. Das Böse muss kapitulieren. Die Angst wird entsorgt, während ich der Angst eine Sprache zu geben versuche und gleichzeitig zum Widerstand aufrufe, d.h. dazu, dem heimlichen theoretischen Pessimismus mit ungebrochenem Engagement zu widersprechen. Und es gibt ja auch immer wieder überraschende Lichtzeichen, wo sie kaum einer noch erwartet.

Das Unmögliche ist möglich: Nelson Mandela

1990 geschieht in Südafrika scheinbar ein Wunder. Der vorausgesagte blutige Bürgerkrieg im Apartheid-Staat bleibt aus. Der seit 1964 eingesperrte Nelson Mandela, Anführer des Widerstandes gegen die Apartheid und einstmaliger Befürworter blutiger Anschläge, kommt nicht nur frei, sondern versöhnt das Land, unterstützt von befreundeten Häuptlingen, aber auch vom weißen Präsidenten de Klerk. Die Welt erfährt von erfolgreichen Verhandlungen und Abmachungen. Doch was in Wahrheit Mandelas großartige Initiative ausgelöst hat, ist eine unscheinbare, aber entscheidende Begebenheit. Mandela erzählt:

Eines Tages, »als meine Kameraden und ich an unsere Grenzen getrieben wurden, sah ich einen Schimmer von Humanität bei einem der Wärter, vielleicht nur für eine Sekunde, doch das war genug, um mich weiterleben zu lassen. (…) Die Güte des Menschen ist eine Flamme, die zwar versteckt, aber nicht ausgelöscht werden kann.« Und weiter: »Ich wusste genau, wie ich nur irgendetwas wusste, dass der Unterdrücker genau so befreit werden musste wie der Unterdrückte. Ein Mensch, der einem anderen die Freiheit raubt, ist ein Gefangener des Hasses, er ist eingesperrt hinter den Gittern von Vorurteil und Engstirnigkeit.« Das heißt: »Der Unterdrückte und der Unterdrücker sind gleichermaßen ihrer Freiheit beraubt.«

Diese Eingebung beflügelt Mandela zu seiner kühnen und schließlich erfolgreichen Initiative. Noch in der Übersetzung schimmert in seiner Sprache eine Offenheit durch, die uns im Westen verlegen macht. Flamme der Güte? Worte nicht eines schwächlichen Weichlings, sondern eines großen Kämpfers, dem das Mitgefühl seines Wärters zu Herzen geht und der plötzlich weiß: Diese Humanität wohnt in uns allen. Wir müssen uns gemeinsam befreien.

Es folgt in Südafrika das kühne Experiment der Wahrheitskommissionen. Täter werden Opfern gegenübergestellt, Täter bekennen sich vor Opfern. Diese erhalten Antworten auf ihre Fragen. Es geht darum, an den vielen Verletzungen und Wunden zu arbeiten und den beschlossenen Frieden auch von innen schrittweise zu verwirklichen. Das Experiment ist nicht immer erfolgreich. Aber dass es überhaupt gewagt wird, sollte dem im Untergrund arbeitenden Hermes-Club vielleicht doch in der Planung des Weltendes innehalten lassen?

Als Mitglied der globalisierungskritischen Bewegung lerne ich später Neville Alexander kennen. Er ist ein südafrikanischer Literaturwissenschaftler und war zusammen mit Nelson Mandela auf Robben Island als schwarzer Freiheitskämpfer interniert. Wir laden ihn zu einem Kongress unserer ärztlichen Friedensbewegung ein. Als Kind in ganz rückständigen, primitiven Verhältnissen aufgewachsen, hat er in einer Missionsschule gelernt: »Du kannst erst eine Person sein, wenn du deine Nächsten liebst.« Dazu kam der afrikanische Gedanke des Ubuntu. Der besagt: »Man wird nicht von sich aus, sondern durch andere Menschen ein vollständiges menschliches Wesen.« Im südafrikanischen Widerstand begreift er: Nur der Unterdrückte kann den Unterdrücker befreien. »Das trifft wohl auf alle Befreiungskämpfe zu. (...) Auf der Gefängnisinsel Robben Island haben wir viele Wärter, die auf uns aufpassen sollten, von innen verändert. Wir haben ihnen geholfen, daß sie ihre Prüfungen bestehen konnten.«

Gewiss ist Mandela und seinen Freiheitskämpfern damals der internationale Druck auf das de Klerk-Regime zu Hilfe gekommen. Aber dessen Ohnmacht hätte ja bei den Schwarzen auch eine jahrzehntelang aufgestaute Rachewut entzünden können. Stattdessen kommt nun eine geistige Kraft zum Vorschein, mit der kaum jemand in der westlichen Welt gerechnet hatte. Hier staunt man zunächst ungläubig, dann siegt das Bedürfnis, den Erfolg für die westliche Wertewelt zu vereinnahmen. Mandela ist schließlich Methodist, und Alexander war Missionsschüler. Doch die beiden und die mit ihnen verbundenen schwarzen Häuptlinge leben den Weißen einen Humanismus vor, den diese nur noch als Fassade vor sich hertragen.

Politik ist so, wie die Menschen sind, die sie machen

Der Friedenserfolg in Südafrika ist für den Westen kein Ruhmesblatt, sondern ein Lehrstück. Hier sind die Wörter des Gutmenschen-Katalogs nicht blutleere Schaumsprache, sondern Ausdruck einer gelebten Moral. Es geht nicht darum, mit nostalgischer Wehmut zu bedauern, was wir im Rausch unserer revolutionären technischen Fortschrittsgesellschaft an Menschlichkeit hinter uns zurückgelassen haben, sondern zu erkennen, dass das scheinbar Zurückgelassene *neu zu entdecken* ist. Wir sind die Gefängniswärter. Wir müssen uns aus der Verlogenheit unseres herrschaftlichen Selbstbewusstseins befreien. Psychoanalytisch übersetzt, unterdrücken wir in uns selbst, was die Schwarzen auf der Häftlingsinsel Robben Island repräsentieren, nämlich unsere Gefühlswelt, die wir entweder durch Missachtung chaotisch und rebellisch machen oder zu unserer friedlichen Selbstbefreiung nutzen können. Wenn wir auf dem Ärzte-Friedenskongress dem schwarzen Neville Alexander zuhören, dann hilft er uns wie den Gefangenen-Wärtern von Robben Island, die er dort umerzogen und zum Bestehen ihrer Prüfungen vorbereitet hat.

Noch einmal: Was die Schwarzen mit Mandela in Südafrika vollbracht haben, gehört nicht ins Erinnerungsmuseum, sondern sollte als Zukunftswerkstatt begriffen werden. Jene moralische Befreiungsenergie steckt, wie verdrängt auch immer, nach wie vor auch in uns. Wir müssen sie unter der Oberfläche unserer verlogenen Glitzerkultur nur wieder ausgraben. Der Moment wäre günstig. Zwei Amtszeiten von George W.

Bush haben uns den moralischen Verfall unserer West-kultur so drastisch wie überhaupt nur möglich vorge-führt. Wir haben uns von einer beispiellosen Verlogen-heit zum Narren halten lassen. Von einer Weltbedro-hung sollte uns der Irakkrieg erlösen. Aber was Bush fürchtete, war ja nicht die irakische Bedrohung, son-dern das Platzen seiner eigenen Bedrohungslüge. Na-türlich wusste er, dass Saddam Hussein weder die ihm angedichteten Massenvernichtungswaffen besaß noch für die Anschläge vom 11. September verantwortlich war. Was Bush brauchte, war eine von den heimischen und internationalen Problemen ablenkende Kriegsbe-geisterung, um seine präsidiale Herrschaft noch gerade so über die Runden bringen zu können. Hinterlassen hat er uns ein ekelhaftes Guantanamo, einen ruinierten Irak mit Massen ziviler Opfer, einen nicht zu gewin-nenden Afghanistankrieg, eine völlig ungenügende Kli-mavorsorge, eine Weltfinanzkrise, eine nationale Schan-de – und einen in höriger Verdummung erniedrigten Westen.

Der Kontrast ist gespenstisch. *Dort* das moralische Heldenstück des südafrikanischen Versöhnungswerks, *hier* das präsidiale Schurkenstück als Demonstration westlichen Kulturverfalls. Die Deutschen haben im Irak-Krieg zwar nicht mitgeschossen, waren den US-Freunden aber mit dem Lügenmärchen von rollenden Giftgas-Labors im Irak gefällig, das ein irakischer Flüchtling dem deutschen Geheimdienst aufgetischt hatte. Es wurde im UN-Sicherheitsrat das entschei-dende »Beweisstück« für Außenminister Powell, um den Krieg als unabwendbar zu begründen.

Die Pleite der Bush'schen Kreuzzugsideologie bietet uns eine vielleicht unwiederholbare Chance, uns von der dualistischen Erlösungsideologie zu befreien, die uns seit dem Mittelalter periodisch überfällt. Die Vision, das Heil im Besiegen des Ur-Bösen zu erringen, ist ein christlich getarnter ewiger Kreuzzug gegen die vermeintlichen Feinde Gottes – Ketzer, Hexen, Muslime, Terroristen, Schurkenstaaten aller Art – sämtlich »Ungeziefer im Garten des Herrn«. Das war schon im Zeitalter der Scheiterhaufen eine Vorform gemeinsamer Selbstzerstörung. Im nuklearen Zeitalter ist es die sichere Vorbereitung des Endes, wie ich es in der Satire *Alle redeten vom Frieden* beschrieben habe und wie es in den aktuellen apokalyptischen Terminator-Filmen durchgespielt wird. Das Fiasko Bushs ist ein ultimatives Warnsignal. Das Einmünden kriegerischer Gewalt in eine unbewusste Komplizenschaft mit dem Selbstmordterrorismus muss endlich begriffen werden.

Es gibt auf Dauer nur die andere, die einzige Lösung, nämlich die Kreuzzugs- und die Scheiterhaufenstrategie durch den Versöhnungsglauben zu ersetzen, der in Südafrika die Möglichkeit des scheinbar Unmöglichen bewiesen hat. Das ist kein unrealistisches Wunschdenken, sondern humanistischer Realismus. Die Welt ist nicht gespalten. Wir sind es, die sie spalten, weil wir mit uns selbst uneins sind. Hinter dem Fortschritt der wissenschaftlich-technischen Revolution ist der Verantwortungssinn der Vorauseilenden zurückgeblieben. So kommt es, dass die scheinbar Zurückgebliebenen die scheinbar Überlegenen in die Verantwortung zurückholen müssen, die diesen schon fast entglitten war. Was in Südafrika geglückt ist, steht vor uns im Westen als eine fortdauernde Mahnung, den Versöhnungsaufruf Obamas unbedingt zu beherzigen.

Dreimal in den letzten Jahrzehnten sind es schwarze Politiker, die die Welt zur Versöhnung aufrufen. Erst Martin Luther King, dann Nelson Mandela, nun Barack Obama. 36 Jahre ist es her, als Martin Luther King seinen Traum verkündete, »daß eines Tages auf den roten Hügeln von Georgia die Söhne früherer Sklavenhalter und früherer Sklaven brüderlich am Tisch zusammensitzen werden. Ich habe einen Traum, daß sich eines Tages selbst der Staat Mississippi, ein Staat, der in der Hitze der Ungerechtigkeit und Unterdrückung verschmachtet, in eine Oase der Freiheit und der Gerechtigkeit verwandelt.«

Für mich ist es ein bewegender Moment, als 2003 der Dekan des Morehouse College, der Universität Martin Luther Kings in Atlanta, nach Berlin kommt, um mir im Roten Rathaus den »Ghandi King Ikeda Award« zu verleihen. Es ist Martin Luther King, der die Christen mahnend an die Agape erinnert und Mandela wie Obama inspiriert hat. Alle drei tragen die Leidensgeschichte der Schwarzen mit sich und erinnern den Westen an das höchste Prinzip der christlichen Ethik, das im franziskanischen Christentum noch einmal neu aufgelebt war und nun von der Herrschaftsideologie der Moderne verschlungen zu werden droht.

Politik ist so, wie die Menschen sind, die sie machen. Bei den eben Genannten springt unmittelbar in die Augen, dass sie persönlich für richtig halten, was sie tun. Andere möchten es umgekehrt so erscheinen lassen, als seien sie ausschließlich von Sachzwängen geleitet. Solche Zwänge sind zwar immer auch im Spiel. Doch keine noch so prinzipienhafte Rationalität kann auf Dauer das Wesen derer verdecken, die sich unaufhörlich auf sie berufen. Ein typisches Beispiel liefert in Deutschland die Debatte um das Sparprogramm der Bundesregierung. Der Sachzwang des Sparenmüssens ist angesichts der irrwitzigen Überschuldung unmittelbar einsichtig. Aber nun kommt die Bewährungsprobe, in der die Regierung scheitert, indem sie einseitig Arbeitslose und andere sozial Schwache belastet und die gut und sehr gut verdienenden Bürger von gleichen Opfern verschont. Damit verstößt sie krass gegen das Verursacherprinzip, wie Heribert Prantl in der *Süddeutschen Zeitung* einsichtig erläutert: »Die Suppe, die die sozial Schwachen jetzt auslöffeln sollen, haben ganz andere eingebrockt.« Wir haben alle über unsere Verhältnisse gelebt, erklären Kanzlerin und Vizekanzler. Wie aber hätten dies die Arbeitslosen und die Hartz-IV-Empfänger tun können?

Diese eklatante Ungerechtigkeit erklärt sich nicht aus Sachzwängen, sondern eindeutig aus moralischem Versagen der Verantwortlichen. Mag sein, dass die Kanzlerin eigene Bedenken dem Koalitionsfrieden opfert. Doch das ändert nichts an dem Vertrauensverlust, den die Preisgabe von Gerechtigkeit unmittelbar nach sich zieht. Und wenn es der Verrat an den Prinzipien humanen Zusammenlebens ist, der die Koalition zusammenhält, dann muss diese eben platzen.

Beispiele wie die unverantwortliche Handhabung der Sparpolitik finden sich täglich in den Medien. Die psychische Korruption wächst nach Art eines Kraken. Allerdings muss man nicht immer gleich an Schuld und Schande denken. Denn es gibt ja auch jenes Schwinden von Sitte und Anstand, das mit Krankheit zu tun hat, so wie von Weizsäcker die seelische Krankheit Friedlosigkeit beschreibt. Die Krankheit psychische Korruption greift um sich wie jene autodestruktive Stimmung, die ich in der schaurigen Satire *Alle redeten vom Frieden* gerade erläutert habe: Es geht doch ohnehin alles bergab. Wir haben schon zu viel kaputt gemacht. Mach, was dir Spaß macht, solange es noch geht. Scher dich nicht um die anderen.

Nach dem letzten Weltkrieg gab es viele, die ihre Ängste und Schuldgefühle auf eine scheinbar hoffnungslose Weltlage projizierten, bis ihnen mit oder ohne Therapie klar wurde, dass es an ihnen selbst lag, sich und die Dinge zu verändern. Solche, die das bei sich und bei anderen erlebt haben, sind überwiegend zuversichtlich geblieben. Und denen ist meist bewusst, dass wir heute unseren Kindern und Enkeln mehr davon vorleben müssen, das in sie eingeht und geeignet sein kann, ihre innere Widerstandskraft zu stärken.

Teil II – Politik und psychische Krankheit

Friedlosigkeit ist eine seelische Krankheit: Carl Friedrich von Weizsäcker

Es sind nicht nur Psychiater und Psychoanalytiker, die nach den psychischen oder psychopathologischen Wurzeln politischen Verhaltens und speziell von Friedensfähigkeit oder Kriegsbereitschaft fahnden. Den Atomphysiker Carl Friedrich von Weizsäcker beschäftigte zum Beispiel die psychologische Quelle von Friedlosigkeit. Der gleiche Weizsäcker, den Albert Einstein namentlich verdächtigt hat, für Hitler den Bau einer Atombombe vorzubereiten. In seinem berühmten Brief an Präsident Roosevelt, der die Empfehlung für das amerikanische Atombauprojekt enthielt, berief sich Einstein tatsächlich irrigerweise auf Weizsäcker, der damit ahnungslos in eine Entwicklung verstrickt wurde, die zu Hiroshima führte. Weizsäcker war später Initiator der berühmten Göttinger Erklärung, in der 18 deutsche Atomphysiker jede Beteiligung an der Herstellung und Erprobung von Atomwaffen grundsätzlich ablehnten.

Eben dieser Weizsäcker hält 1967 eine bemerkenswerte öffentliche Rede über »die seelische Krankheit Friedlosigkeit«. Obwohl selbst kein Psychoanalytiker, benutzt er eine psychoanalytische Deutung, um seine These plausibel zu machen. Mit der Psychoanalyse ist er durch seinen Onkel Viktor vertraut, den Vater der Psychosomatischen Medizin in Deutschland, dem ich, nebenbei gesagt, die Empfehlung für eine psychoanalytische Ausbildung verdankte. »Friedfertig ist, wer Frieden um sich entstehen lassen kann«, erklärt Carl Friedrich. »Das ist eine Kraft, eine der größten Kräfte des Menschen. Ihr krankhaftes Aussetzen, fast stets durch mangelnden Frieden mit sich selbst, ist die Friedlosigkeit.« Der Selbsthass werde auf den Feind projiziert. Weil das unbewusst ablaufe, helfe weder Belehrung noch Verdammung, allenfalls Heilung, etwa wie in der Psychoanalyse durch Vermittlung von Selbsterkenntnis. Von Krankheit könne man deshalb sprechen, weil bei fast allen höheren Tieren in Rivalenkämpfen eine instinktive Tötungshemmung einsetze, die der Erhaltung der Art diene. Der Mensch bilde als potentieller Massenmörder eine Ausnahme. So müsse er selbst für seine krankhafte Abirrung einstehen.

Hier fügt Weizsäcker einen schwerwiegenden Satz an: »Und wir sind ja in der Tat von Selbstzerstörung bedroht.« Er spricht von »Wir«. Also geht es nicht nur um eine individuelle, sondern zugleich um eine gemeinsame Krankheit. Wir allesamt bedrohen uns mit Selbstausrottung. Als ich 1979 *Der Gotteskomplex* schreibe, kenne ich Weizsäckers Text noch nicht. Aber schon mit meiner Arbeit über Schmerz und Leiden Ende der vierziger Jahre hegte ich ähnliche Gedanken, während ich meine innere Rebellion gegen den Nazi-Allmachtsrausch zu verarbeiten trachtete. Ich wollte nicht in dem Strudel von Selbstvorwürfen, Trauern und Wut stecken bleiben, sondern Distanz im Verstehen gewinnen. Irgendwann merke ich, dass mich eine Hoffnung trägt, die meine Frau mit mir teilt. Später habe ich dann das Buch geschrieben: *Wer nicht leiden will, muss hassen.* Dieser Satz ist eine Kernaussage meiner Theorie über den Gotteskomplex.

Allmachtswahn als Schutz vor Ohnmachts-angst? Der Gotteskomplex und seine Konsequenzen

Mit dem *Gotteskomplex* verfolge ich einen Prozess, der im frühen Mittelalter beginnt. Das Bewusstsein der Gotteskindschaft trägt die Menschen, wenn sie auch durch den Kirchenvater Augustin erfahren haben, dass sie der himmlischen Gnade nicht sicher sein können, immerhin jedoch des kirchlichen Beistandes auf diesem Wege. Jedes menschliche Schicksal sei durch göttlichen Ratschluss vorherbestimmt. Es sei nicht Sache der Menschen, sich göttliche Wahrheit durch eigene Forschung anzueignen. Dies könne nur durch den Glauben geschehen. Aber am Ausgang des Mittelalters erwacht ein Konflikt zwischen Gottergebenheit und individuellem Erkenntnisdrang. Man will Gott behalten, zugleich die Welt selbst erforschen. Als einer der maßgeblichen Vordenker schreibt René Descartes 1631 in seinen *Meditationes*: »Vielleicht bin ich etwas mehr, als ich selbst einsehe, und sind alle Vollkommenheiten, die ich Gott zuschreibe, der Möglichkeit nach irgendwie in mir enthalten, wenngleich sie sich noch nicht entfalten und noch nicht zur Aktualität gelangt sind. Mache ich doch schon an mir die Erfahrung, daß meine Erkenntnis nach und nach wächst. Und ich sehe nicht, was dem im Wege stände, daß sie so mehr und mehr wüchse bis ins Unendliche und warum ich nicht vermöge der so gewachsenen Erkenntnis alle übrigen Vollkommenheiten Gottes sollte erreichen können?«

Doch seine *Prinzipien der Philosophie* lässt Descartes demütig mit der Beteuerung enden: »Allein dennoch bin ich stets meiner Schwachheit eingedenk – und behaupte nichts unbedingt, sondern unterwerfe alles sowohl der Autorität der katholischen Kirche wie dem Urteil der Einsichtigeren.« Zusätzlich begütigt Descartes die Kirche, indem er einen Beweis für die Existenz Gottes aufstellt.

Wer Gott aber beweisen will, folgt dem »Wisstrieb«. Dieser wiederum ist für Freud »im Grunde ein sublimierter, ins Intellektuelle gehobener Sprössling des Bemächtigungstriebs«. Es ist ja nicht zu verkennen, dass der Mensch aus dem Mittelalter mit einem gewachsenen Selbstbewusstsein und Machtanspruch heraustritt. Er ist es, der Gott durch wissenschaftliche Erkenntnis zu bestätigen unternimmt. Er sieht sich nicht mehr unerforschlich vorherbestimmt. »Der freie Wille macht uns gleichsam Gott ähnlich, indem er uns zum Herren über uns selbst macht!«, erklärt Descartes.

Von innen gesehen bedeutet das einen Rückgang von Bindungsgefühlen, von Ergebenheit und Ehrfurcht. Rationalismus gewinnt die Oberhand. »Ich denke, also bin ich«, erklärt Descartes. Später wird ihm der Philosoph Max Scheler entgegentreten und erklären: »Zuerst ist der Mensch ein *ens amans*, dann erst ein *ens cogitans* und ein *ens volens*, also primär ein liebendes, erst danach ein denkendes und ein wollendes Wesen.« Im gleichen Sinne sagt der Physiker Weizsäcker: »Eines inneren Friedens fähig werden wir nicht durch unser Verdienst, sondern weil wir geliebt sind und darum Gott und in Gott die Menschen lieben dürfen.«

So gesehen, steht nicht die Frage Wissen oder Glauben vornan, sondern Herrschaftswille oder Liebe. Der Mensch ist in die Neuzeit mit dem Herrschaftswillen getreten. Die Idee des Allmachtgottes verinnerlichend, ist er schrittweise auf die moderne Fortschrittsvision verfallen, nämlich mit Hilfe der wissenschaftlich technischen Revolution seine Herrschaft über die Dinge unendlich zu erweitern. »Er versteht sich als herrschaftliches, unterwerfendes Subjekt«, schreibt Johann Baptist Metz. »Sein Wissen wird vor allem Herrschaftswissen, seine Praxis Herrschaftspraxis gegenüber der Natur«. So bildet sich seine Identität. »Er ›ist‹, indem er unterwirft. Alle nicht herrscherlichen Tugenden des Menschen, die Dankbarkeit etwa und die Freundlichkeit, die Leidensfähigkeit und die Sympathie, die Trauer und die Zärtlichkeit treten in den Hintergrund. Sie werden gesellschaftlich und kulturell entmächtigt, werden allenfalls in ›verräterischer Arbeitsteilung‹, der in dieser herrscherlichen Männerkultur ohnehin entmächtigten Frau anvertraut.« All das aber ist durch Unterdrückung der Bedürfnisse entstanden, die verdrängt, aber nicht verschwunden sind: Sehnsucht nach Gehaltenwerden, nach Versöhnung, nach Frieden. Dazu gehört auch, Leiden als menschlich anzunehmen und nicht ewig die innere Zerbrechlichkeit beherrschen zu müssen. Im Gotteskomplex, dem wir weitgehend verfallen sind, ist es indessen zu einer fatalen kreisförmigen Eigendynamik gekommen: Einerseits zu der Obsession, alles herrscherlich in den Griff zu bekommen, was bedroht, was schwach und ohnmächtig macht. Andererseits zu der beklemmenden Erfahrung, dass eben dieser Herrschaftsdrang, als Fortschrittsvision fixiert, zwangsläufig in Inhumanität und schließlich in Selbstzerstörung endet. In der Hektik unseres Erfolgszwanges steckt Hass. Hass auf die ewigen Konkurrenten, Hass auf die eigene Zerbrechlichkeit. Das ist der Komplex, in dem wir stecken zu bleiben drohen. Aber dann werden der leidende Mandela und sein mitleidender Wärter von

ihrem Hass befreit durch etwas, was Mandela Herzens-
güte nennt. Auf Anregung eines Lesers erlaube ich mir,
mein Buch über den Gotteskomplex mit einer Widmung an Joseph Kardinal Ratzinger zu schicken, der
2005 Papst Benedikt XVI. werden sollte. Dies ist seine
liebenswürdige Antwort:

>Sehr geehrter Herr Professor Richter!
Haben Sie herzlichen Dank für die freundliche Zu-
sendung Ihrer mit persönlicher Widmung versehenen
Studie über ›Die Geburt und die Krise des Glaubens
an die Allmacht des Menschen‹, die Sie Ende der
siebziger Jahre veröffentlicht haben. Ihre analytische
Bestandsaufnahme der modernen westlichen Zivilisation, in der Sie tiefgreifende Verirrungen mit fol-
genreichen Störungen aufdecken, vermag über alle
zeitbedingten Schattierungen hinaus wache Geister zur Nachdenklichkeit anzuregen. Wo menschliches Handeln nicht mehr dem menschlichen Sein
entspricht, fällt die Wahrheit um in die Lüge. Von
meinem Glauben her würde ich dem, was Sie aus lan-
gem persönlichen Ringen und vielfältiger Erfahrung
heraus so hilfreich und überzeugend sagen, noch
hinzufügen, dass der ›Gotteskomplex‹ letztlich nur
durch die Selbstüberschreitung, durch die Zuwendung zum wirklichen, lebendigen Gott überwunden
werden kann.

Mit besten Grüßen und Segenswünschen bin ich
Ihr
Joseph Cardinal Ratzinger«

Götter in Weiß

Im Gotteskomplex steckt der Selbsthass, dessen Projektion zu der Krankheit Friedlosigkeit führt, die Weizsäcker beschreibt. Aber woher kommt der Selbsthass? Er entsteht, weil der Mensch in sich die Gefühle der Gebundenheit, der Anhänglichkeit, des Angenommen-Sein-Wollens unterdrückt. Er verdrängt diese Bedürfnisse, weil sein neues Ziel nur noch Herrschen heißt, Fortschritt zu immer mehr Macht, Macht über die Dinge und Verachtung für alle Zustände von Ohnmacht und Hingabe. Hingabe heißt jetzt, sich selbst aufgeben, schwach sein, ohnmächtig sein. Aber all das ist Auflehnung gegen einen Kern des eigenen Wesens. Je mehr der Mensch durch »Fortschritt« dem Allmachtsgott gleich werden will, kommt ihm der Gott der Liebe abhanden.

Deshalb hat der Mann lange Zeit der Frau zugeteilt, was er in sich selbst verdrängte.

Das verzerrte Menschenbild des einseitigen männlichen Machtehrgeizes findet sich in der Extremvariante des Nazi-Hasses auf körperliche Minderwertigkeiten. Jeder Behinderte, jeder sichtbar psychisch Kranke bedeutete für die Nazi-Ärzte der Herrenrasse-Ideologie eine ängstigende Erinnerung an die unterdrückte eigene Schwäche. In diesen Menschen begegneten sie der eigenen Fehlerhaftigkeit, der eigenen verdrängten Hinfälligkeit. Vom Gotteskomplex befallen, fühlten sie sich dazu berufen, das »Völkische Erbgut« von »schädlichen Elementen« zu befreien.

Man kann es teuflisch nennen, wenn Ärzte sich im wörtlichen Sinne als »Halbgötter in Weiß« berufen fühlen, indem sie »unwertes Leben« wie Unkraut auszurotten trachten. Aber die nachfolgende Generation muss wissen, dass hier nicht einzelne abartige Rohlinge am Werke waren, sondern dass diese Ausrottungsmentalität im Ärztestand weit um sich gegriffen hatte. Die Perversion des Gewissens führte zur Umdeutung der Grausamkeit zu einer vermeintlichen Wohltat für eine durch erbliche Übel bedrohte Menschheit. Und die Bevölkerung im Nazi-Staat zweifelte nicht an diesen »Wohltätern«, so wie diese sich mehrheitlich des eigenen Edelsinns sicher glaubten.

Wenn aber die rassistische Ausrottungsmentalität eine Zeitlang als Normalität, gar als heilsam für die Gesamtheit durchgehen konnte, und dies noch in jüngster Zeit, so sollte das als Verpflichtung zu unermüdlicher Aufklärung reichen. Vorläufig ist kein neuer Hitler in Sicht. Aber dass in einer unkritischen Fortschrittsvision nach wie vor der gefährliche Keim des Gotteskomplexes steckt, der in neuen Varianten zu gefährlichen Auswüchsen führen könnte, ist doch zu bedenken.

Ärzte in politischer Mitverantwortung –
Ein Kongress und die Folgen

Ich bin 1981 zum 30. Jubiläum der »Deutschen Gesellschaft für ärztliche Fortbildung« nach Berlin eingeladen. Ich spreche über »Die Rolle und das Selbstverständnis des Arztes« vor 4000 überwiegend jungen Kolleginnen und Kollegen.

»Wir müssen hinnehmen«, sage ich, »dass Krankheit, Gebrechlichkeit und Sterben ein menschliches Los sind, dass der Traum von der medizinisch herstellbaren permanenten Fitness begraben werden muss und dass dem Fortschritt zu immer großartigerer Stärke und Herrschaft über die innere und die äußere Natur Grenzen gesetzt sind.« Man müsse im Arzt einen einfühlsamen Helfer finden, dessen fachlicher Kunst natürliche Grenzen gesetzt seien. Ich erwähne meine These aus dem *Gotteskomplex*, dass wir einander zu helfen haben, die Angst vor Ohnmacht und Leiden und gleichzeitig die Idealisierung von Omnipotenz abzubauen. Ich kann mich dann aber nicht eines abschließenden Hinweises auf die politische Mitverantwortung unseres Berufes enthalten, deren Missachtung dazu beigetragen habe, dass Teile der Ärzteschaft sich ahnungslos oder bewusst unlängst für die unheilvollsten Zwecke hätten missbrauchen lassen.

Die *FAZ* und *Meyers Lexikon* drucken meinen Redetext ganz bzw. in großen Teilen ab. In meiner Gießener Medizinischen Fakultät ist daraufhin die Hölle los. Gleich fünf Direktoren der großen klinischen Fächer tun sich zusammen. Ein spontanes Protestschreiben von ihnen an die *FAZ* wird von dieser allerdings nicht abgedruckt. In kurzen Abständen treffen sich meine

Kontrahenten und feilen in Klausur an einer kritischen Entgegnung. Eine Diskussion mit mir und den Medizinstudenten lehnen sie ab. Ein Jahr später erscheint ihr zigmal umgeschriebener Gegentext in der *Welt* und im *Deutschen Ärzteblatt*.

In der Aufregung über mich kocht eine Wut wieder hoch, die Alexander Mitscherlich mit seiner Dokumentation und Kommentierung des Nürnberger Ärzteprozesses von 1946 ausgelöst hatte. Seine Dokumentation wurde erst 1960 der Öffentlichkeit bekannt. Sie enthält Aufzeichnungen über die kriminellen Menschenversuche von SS-Ärzten an KZ-Häftlingen, über die Ermordung von 5000 geistig behinderten und gelähmten Kindern sowie von etwa 100 000 erwachsenen psychisch Kranken oder als asozial erklärten Erwachsenen im Rahmen der als Euthanasie ausgegebenen Vernichtungsaktion.

Aus Teilen der Ärzteschaft ergoss sich eine Welle von Beschimpfungen über Mitscherlich, der dazu schrieb: »Man könnte glauben, wir hätten alles, was hier verzeichnet ist, erfunden, um unserem ärztlichen Stand zu schaden.«

Lange Zeit konnte man eine Diskussion darüber unterdrücken, wie tief medizinisch promovierte Anthropologen und führende Vertreter der Ärzteschaft in Hitlers Ausmerzungspolitik verstrickt waren. Schon am 13.04.1933 hatte das *Deutsche Ärzteblatt* wörtlich von einem Treffen offizieller Standesvertreter mit Hitler berichtet: »Hitler legt seine Ziele dar und erklärt seine Absichten zur Reinigung des Volkes und namentlich der intellektuellen Schichten von fremdstämmigem Einfluss und rassefremder Durchsetzung. Er betonte, dass man durch baldige Ausmerzung der Überzahl jüdischer Intellektueller dem natürlichen Anspruch Deutschlands auf arteigene geistige Führung gerecht werden müsse. Die rassenhygienische Reinigungsarbeit, die jetzt geleistet wird, wirkt sich vielleicht erst in Jahrhunderten aus. Die deutsche Ärzteschaft ist dazu berufen, an diesem Werk durch ihre wissenschaftliche Forschung durch weitgehende Aufklärung des Volkes und durch ihr praktisches Wirken daran mitzuarbeiten.«

Hitler wird 1923 inspiriert durch das Lehrbuch der drei medizinisch promovierten Erbforscher E. Baur, E. Fischer und F. Lenz: *Menschliche Erblehre und Rassenhygiene*, das 1921 erschien. Die folgenden Auflagen geben ein typisches Beispiel für Erbforscher, die ihr ursprünglich eugenisches Konzept der vorgeschriebenen Judenfeindlichkeit widerstandslos unterordnen. In der dritten Auflage schreibt Mitautor Prof. Lenz noch: »Den einseitigen Antisemitismus des Nationalsozialismus wird man natürlich bedauern müssen. Es scheint leider, dass die politischen Massen solche Anti-Gefühle brauchen.« In einer früheren Auflage hatte er sogar verkündet: »Der jüdische Geist ist neben dem germanischen die hauptsächlichst treibende Kraft der modernen abendländischen Kultur.« Aber dann kommt Hitler an die Macht. Prompt warnt Lenz in der nächsten Auflage vor »dem schweren Schaden, den die Juden durch Zersetzung einem Wirtsvolk bereiten könnten«. Nun sagt er: »Ein Lebewesen gedeiht besser ohne Parasiten.« Bis in die entmenschlichende Wortwahl hinein vollzieht er den Schulterschluss mit dem Regime. Die Sprache verrät die gleiche Ausrottungsmentalität, die auch der Inquisition zugrunde lag. An die Stelle der Ausmerzung der Ketzer und der Andersgläubigen »als Unkraut im Garten des Herrn« tritt nun die Ausrottung der Juden als »Parasiten, die das germanische Blut verunreinigen«.

Die Selbstheilung nach der Logik des Gotteskomplexes verklärt den Hass der Friedlosigkeit zum Eifer einer Läuterungskampagne. Die Ausmerzung wird eine edelsinnige Reinigungsprozedur. Die Korruption des Gewissens verfälscht die mörderische Vernichtungspolitik der Nazis vom Holocaust bis zur sogenannten Euthanasie zu einem heiligen Krieg gegen das Böse oder zu einer medizinischen Operation, bei der malignes Gewebe entfernt wird. So kann sogar der später mit dem Nobelpreis ausgezeichnete Verhaltensforscher Konrad Lorenz 1940 feststellen: »Aus der weitgehenden biologischen Analogie des Verhältnisses zwischen Körper und Krebsgeschwulst einerseits und einem Volk und seinen durch Ausfälle asozial gewordenen Mitgliedern andererseits ergeben sich große Parallelen in den notwendigen Maßnahmen... Jeder Versuch des Wiederaufbaus der aus ihrer Ganzheitsbezogenheit gefallenen Elemente ist daher hoffnungslos. Zum Glück ist ihre Ausmerzung für den Volksarzt leichter und für den überindividuellen Organismus weniger gefährlich als die Operation des Chirurgen für den Einzelkörper.«

Wer auch immer der Kategorie der krebsartigen Schädlinge zugerechnet wird, – das Votum für die Eliminierung durch den »Volksarzt« ist schrecklich, fügt sich aber in die ethische Perversion der Nazi-Heilslehre: Die Vernichtungspolitik wird durch den Opfergedanken scheinbar geadelt. Die Ausmerzung der für das Volksganze als schädlich erklärten Einzelnen oder Gruppen wird zum gerechten Opfer für das Wohl der völkischen Gemeinschaft. Dabei schimmert immer wieder die Phantasie der Identifizierung mit der »Vorsehung« und dem Allmachts-Gottesbild durch. Der »Volksarzt« hilft nach, um die Unvollkommenheiten der Schöpfung zu kompensieren. Daher Hitlers Gedanke, dass die aktuell betriebene »rassenhygienische Reinigungsarbeit« sich vielleicht erst in Jahrhunderten auswirken werde. Der Nazi-Volksarzt soll auf lange Sicht die reine Herrenrasse hervorbringen, nämlich die wahren Exemplare göttlicher Ebenbildlichkeit. So zerstört der Wahn des Gotteskomplexes in der Nazi-Medizin die Menschlichkeit.

Das widerspricht von Grund auf dem Eid des Hippokrates, an den – in immer zu modernisierender Form – jeder Arzt gebunden ist. Er enthält u. a. die folgenden Verpflichtungen:

»Die Verordnungen werde ich treffen zum Nutzen der Kranken nach meinem Vermögen und Urteil, mich davon fernhalten, Verordnungen zu treffen zu verderblichem Schaden und Unrecht.«

»Heilig und fromm werde ich mein Leben bewahren und meine Kunst.«

»In welches Haus immer ich eintrete, eintreten werde ich zum Nutzen des Kranken, frei von jedem willkürlichen Unrecht und jeder Schädigung.«

»Wenn ich nun diesen Eid erfülle und nicht breche, so möge mir im Leben und in der Kunst Erfolg beschieden sein, dazu Ruhm unter allen Menschen für alle Zeit, wenn ich ihn übertrete und meineidig werde, dessen Gegenteil.«

Medizin und Gewissen heute

Die Generation der Auschwitz-Ärzte ist abgetreten, mit ihr die große Mehrzahl derjenigen, die in der Anprangerung der Verbrechen der Nazi-Ärzte einen größeren Skandal erblickten als in diesen Verbrechen selbst. In den Gesundheitsberufen ist eine neue Generation herangewachsen, die radikale Aufklärung darüber verlangt, wo sich die Medizin in der Nazizeit schuldig gemacht hat, wo Widerstand geleistet wurde, was von den überlebenden Opfern der »rassehygienischen« Ausmerzungskampagne noch zu erfahren ist. Die Deutsche Sektion der Internationalen Ärzte zur Verhütung des Atomkrieges und für soziale Verantwortung hat 1996 zur 50. Jährung des Nürnberger Ärzteprozesses einen Internationalen Kongress zum Thema »Medizin und Gewissen« organisiert. Zwei weitere Tagungen unter dem gleichen Namen folgten 2001 und 2006, alle drei mit sehr hoher Beteiligung. Eine Initiatorengruppe aus Nürnberg und Erlangen hat zusammen mit dem Berliner Büro der IPPNW eine Riesenarbeit geleistet, wobei allein das Herbeiholen und Betreuen verfolgter und vertriebener Zeitzeugen einen hohen Aufwand erforderte. Es waren dramatische Tage für Hunderte von Medizinern, Therapeuten, Schwestern, Pflegern und Mitgliedern anderer psychosozialer Berufe. Was sie mitnahmen, waren Einblicke in eine Zeit organisierter Mitleidslosigkeit gegenüber vermeintlich minderwertigen oder unwerten Mitmenschen, an der die Heilberufe mitgewirkt hatten. »Medizin und Gewissen« hatte ich die Tagungen genannt. Statt »und« hätte auch »ohne« gepasst.

Im November 2009 reist der New Yorker Psychiater Robert J. Lifton mit einem 90-Minuten-Dokumentar-film durch Deutschland. In dem Film schildert Lifton, was er aus zahlreichen Interviews mit ehemaligen deut-schen Auschwitz-Ärzten erfahren hat, was sie gedacht, was sie getan haben und wie sie rückblickend zu ihren Taten stehen. Darüber hat er bereits vor 20 Jahren das dicke Buch *Ärzte im Dritten Reich* geschrieben, wo schon einiges von dem zu lesen ist, was er jetzt im Film erneut erzählt. Es ist darum aber nicht weniger aktuell, denn das heutige Publikum spürt: Was vor 70 Jahren geschehen ist, enthält eine permanente Gefahr. Das Verschweigen geschah nicht nur aus Scham über das Vergangene, sondern auch in der Ahnung, dass wir uns nach wie vor unsicher sind, was die innere Welt unserer Kultur neben ihren humanistischen Hoffnungen an fortdauernder Disposition zu Gewissenlosigkeit in sich birgt.

Ich habe Robert J. Lifton vor 29 Jahren in England kennengelernt, als wir beide darauf sannen, die interna-tionale Ärzteschaft zum Widerstand gegen die Atom-kriegsbedrohung zu drängen. Wir haben gemeinsam am Entwurf eines neuen ärztlichen Eides gearbeitet, der Ärzte zur Verweigerung von medizinischen Trainings für den Atomkriegsfall nötigen sollte. In unserer deut-schen Sektion haben damals tausende Ärzte eine solche Verpflichtung unterschrieben, die ich als sogenannte *Frankfurter Erklärung* entworfen hatte. Beide haben wir fortan ununterbrochen über die Selbstbedrohung unserer westlichen Gesellschaft durch Abschwächung der inneren Widerstandskräfte geforscht und aufge-klärt, und beide sind wir heute als deutlich über Acht-zigjährige genau so aufklärerisch aktiv wie vor 30 Jah-ren. Der Publikumsandrang zu Liftons Film über die

SS-Ärzte in Auschwitz zeigt: Die Menschen wollen sich noch erinnern und prüfen, ob, was damals war, wirklich vergangen ist.

Inzwischen ist mir die deutsche Ärzteschaft nach langen Vorbehalten sichtbar entgegengekommen, indem sie mir 2008 ihre höchste Auszeichnung, die Paracelsus-Medaille, zuerkannt hat. Professor Jörg-Dietrich Hoppe, Präsident der Bundesärztekammer und des Deutschen Ärztetages, hat auf unserem Kongress »Medizin und Gewissen« 2001 aktiv mitgewirkt.

Für das Zeichen des Vertrauens vonseiten der Kollegenschaft bin ich dankbar. Eine wichtige Erfahrung des Altwerdens liegt darin, dass es die allmähliche Auflösung von unheilvollen gesellschaftlichen Verdrängungen mitzuerleben erlaubt. Sigmund Freud hatte schon 1921 an gefährliche archaische Anlagen erinnert, die Durchbrüche von massenpsychologischen Primitivreaktionen auslösen können. Das hatte er in seiner Schrift *Massenpsychologie und Ich-Analyse* erläutert. Als die in der Mehrzahl jüdischen Psychoanalytiker bald selbst Angriffsziel einer solchen Reaktion wurden, war ihnen nicht nur die Fortsetzung dieser Forschung, sondern der politischen Psychoanalyse überhaupt verwehrt. Die Traumatisierung durch die Verfolgung ging so weit, dass die Psychoanalytiker auch in der Emigration vorerst gesellschaftskritische Themen mieden.

Die Mehrzahl der leitenden deutschen Psychiater, die mit den Massenmorden der sogenannten Euthanasie beauftragt waren, blieb nach dem Krieg im Amt und verhinderte über viele Jahre das Übergreifen des Entsetzens über den Holocaust auf die Verbrechen, die in der Psychiatrie begangen worden waren. Noch bis in die siebziger Jahre mussten Kritiker der Nazi-Medizin um ihren Ruf mehr fürchten als Verteidiger der Täter.

Über die von mir selbst erlebten Schikanen durch einen Chef »vom alten Geist« in der Psychiatrischen Uni-Klinik, wo ich meine Facharztausbildung absolvierte, könnte ich lange Geschichten erzählen. Erst eine neue Generation von kritischen Sozialpsychiatern machte diesem Spuk ein Ende. Und nun werde ich als vormaliger »Nestbeschmutzer« für das ausgezeichnet, was man mir lange übelgenommen hat.

Die Psychoanalyse bleibt jedoch dafür zuständig, die im Vergessen wirkende Verdrängung im Auge zu behalten. Es gibt eine laut bekundete »Fassungslosigkeit« über furchtbares Geschehen, wobei das Wort unbewusst verrät, dass man nicht will, was man sollte. »Unbegreiflich!« sagt man, obwohl meist erst das Begreifen standfest machen kann.

Keinesfalls wollen wir uns in den Hexenjagden und Hexenprozessen wiedererkennen, die es bis ins 18. Jahrhundert hinein gab, obwohl dabei in Europa etwa 50 000 Frauen und Männer hingerichtet wurden. Auch damals erfand man dafür abstruse »Reinigungs«-Begründungen. Und es waren Kaiser, Päpste, Juristen und gebildete Schichten, die für Verbrennung der vermeintlichen Täterinnen und Täter plädierten. Wie sich gezeigt hat, sind eben auch Ärzte nicht automatisch durch ihren Eid gegen die Korrumpierung ihres Gewissens gefeit. Und in Psychoanalysen zeigt sich: Gerade solche Persönlichkeiten, denen nichts wichtiger scheint als die Ausrottung des Bösen aus der Welt, haben besonderen Grund, auf eigenen inneren Unfrieden als Ursache von Hassprojektion zu achten.

Heute kann ich die Auflösung mancher gesellschaftlicher Verdrängungen verfolgen, mit deren Deutung ich einstmals Unwillen erntete. Wenn die Mitscherlichs seinerzeit mit ihrem Buch von der deutschen Unfähigkeit zu trauern viel Missfallen erregten, so wurde von den Lesern zunächst nicht verstanden, dass ihnen eigentlich eine Hilfe nahegelegt wurde. Schweigendes Entsetzen über das Geschehene verhindert, sich für Mitleid zu öffnen und durch Demut wieder etwas von der preisgegebenen Selbstachtung zurückzugewinnen. Der Kniefall von Brandt vor dem Getto-Mahnmal in Warschau war das Zeichen von Schuldgeständnis und Demut, das den überlebenden Opfern ermöglichte, den Deutschen wieder die Hand zu reichen. Mitleiden ist die Brücke, um Humanität zurückzugewinnen. Psychoanalytisches Deuten hofft immer, hinter dem zunächst erregten Widerstand das Unterdrückte hervorzuholen, in diesem Falle die heilsame schmerzliche, aber am Ende befreiende Selbstkritik. Das möchte ich anhand einer Fallstudie illustrieren.

Der psychoanalytische Zugang zu den Impulsen der Vernichtungsmedizin – Eine Fallstudie

Euthanasie und Zwangssterilisation sind abgeschafft. Aber die Beweggründe, die den Kampf gegen das sogenannte unwerte Leben genährt haben, sind nicht aus der Welt. Wie sieht es heute in den Familien aus, in denen ein Mitglied von einer unheilbaren, unheimlichen Nervenkrankheit befallen ist? Wie gehen die Menschen mit ihren Ängsten, ihrem Entsetzen, ihren Schuldgefühlen, aber auch mit ihrem Abscheu, ihren Ausgrenzungsimpulsen um? Wachsen sie in der Not enger zusammen? Werden sie von außen unterstützt oder eher allein gelassen? Wie verhält sich die Medizin? Distanziert ratlos oder engagiert hilfreich?

In unserer Psychosomatischen Uni-Klinik haben wir uns mit solchen Fragen an Familien gewandt, in denen ein Mitglied von einer unheilbaren Nervenkrankheit befallen ist, der *Chorea Huntington*. Bei dieser kommt es zu zunehmenden psychischen Ausfällen und körperlichen Bewegungsstörungen. In einem fünfjährigen Projekt haben wir solche Familien familientherapeutisch begleitet, haben protokolliert, einwilligende Familien gefilmt, um unsere Medizinstudenten auf dieses Aufgabengebiet vorzubereiten, aber auch um selbst besser zu verstehen, wie human oder weniger human unsere heutige Gesellschaft mit dem noch vor kurzem unwert genannten Leben umgeht.

Ich schildere eine eigene typische familientherapeutische Erfahrung aus diesem Projekt. Zur Unkenntlichmachung der Personen sind einige äußere Daten verändert. Von einer benachbarten Klinik überwiesen, stellt sich bei mir eine Familie vor – Eltern um die 50, zwei Töchter, 23 und 17 Jahre. Der Vater hat sich im Außendienst eines großen Versandhauses hochgearbeitet. Die Mutter, einst Bibliothekarin, leidet seit fünf Jahren an einer *Chorea Huntington*. Eine zierliche, freundliche Frau, die noch feinfühlig reagiert. Mit einiger Anstrengung liest sie auch noch zeitkritische Bücher, aber kann darüber nur schwer Auskunft geben. Verschüchtert hört sie mit an, wie ihr Mann schonungslos ihre Störungen schildert: dass ihr immer wieder Geschirr aus den Händen falle, dass sie mitunter wie ein Tiger herumschleiche. Plastisch malt er seinen Abscheu aus. »Ich müsste blind sein, um das nicht sehen zu müssen!« Den Töchtern merke ich an, dass sie sich für den Vater schämen. Aber er will ganz deutlich machen, wie er unter dem Verfall seiner Frau leidet. Wann immer er kann, beschäftigt er sich außerhalb. Die Töchter nehmen die Mutter in Schutz, loben, dass sie sich nicht mehr in Alkohol flüchte, was sie eine Zeit lang versucht habe. Sie berichten von Familiengesprächen, zu denen sie den Vater regelrecht einladen. Er möge doch mehr mit der Mama reden und damit aufhören, unentwegt mit ihr zu schimpfen. Plötzlich entfährt ihm: »Die haben ja recht, die meinen es ja gut!« Da mischt sich die Kranke fast flüsternd ein: »Er hat ja auch mal von Vergasen gesprochen.« Vater: »Das soll ich gesagt haben? Das muss aber lange her sein.« Beide Töchter heftig: »Das ist gar nicht lange her. Wir können uns noch genau daran erinnern!« Der Vater verliert die Fassung und wird laut: »Und ihr wärt bei Hitler kastriert worden, und das wäre vielleicht auch gut so!« Er beugt sich zu ihnen vor und setzt hinzu: »Die Krankheit muss doch mal ausgerottet werden!«

Die Töchter bringen kaum ein Wort hervor. Die

Mutter ist erstarrt. Pause. Dann wende ich mich an den Vater: »Wenn ich von einem höre, das Böse solle ausgerottet werden, dann sind das stets Menschen, die in sich selbst etwas hassen, was sie quält, was sie unbedingt beseitigen wollen. Was könnte das bei Ihnen sein?« Ich merke, dass es in ihm arbeitet. Er atmet schwer. Plötzlich verliert er die Beherrschung und muss hemmungslos weinen – minutenlang. Die Kranke legt ihre Hand auf seinen Arm. Auch den Töchtern stehen Tränen in den Augen. »Ich war ja früher auch ganz anders«, sagt der Vater, immer noch schluchzend. Da habe er alles für seine Frau und die Kinder getan. Er erzählt, wie er früher war, und verrät damit, wie er auch heute noch eigentlich sein und gesehen werden möchte. Alle sind ergriffen. Die Kranke zeigt, dass es ihr wohltut, wie er sich endlich einmal öffnen kann. Auch von mir bekommt er Ermutigendes zu hören.

Die nächste Therapiesitzung eröffnen Mutter und Töchter mit der Feststellung, dass ihnen das Erstgespräch eine Erleichterung gebracht habe. Der Vater zögert. »Es war schon gut«, meint er, »doch habe ich das Gefühl, dass mich die Psychologie krank macht.« »Also ich als Psychotherapeut mache Sie krank?« »In gewisser Weise schon«, sagt er. »Sie machen mich schwächer, und das kann ich mir nicht leisten.« Und dann erläutert er: In seinem Beruf dürfe er nicht zeigen, wie ihm zumute sei. Da gehe es knallhart zu. Bei seinen Kunden habe er nur Erfolg, wenn er obenauf sei und ihnen Lust mache zu kaufen. Jeden Monat müssten seine Verkaufszahlen stimmen, sonst sei er sofort weg vom Fenster. Wenn er versage, sei schon ein Jüngerer da, um ihn zu ersetzen. »Aber die Anstrengung, Ihren Kummer zu verdrängen, wird man Ihnen erst recht anmerken, also wenn Sie so gereizt sind, wie zu Beginn unseres ersten Gesprächs«, werfe ich ein.

Ich spüre, dass er mir zu vertrauen beginnt und eigentlich erwartet, dass ich seine Bedenken zwar respektiere, ihm dennoch zutraue, seiner Frau und den Töchtern nahe zu bleiben. Ich kann ihn mit einer Bescheinigung zu einer steuerlichen Erleichterung unterstützen. Es ist wichtig für ihn, dass ich nicht nur wohlmeinend rede, sondern mich auch praktisch für die Familie engagiere.

In den folgenden Wochen nimmt die Patientin lebhafter an unseren Gesprächen teil. Obwohl die Pflegesituation laufend schwieriger wird, widerstrebt es dem Vater, sie in ein Heim zu geben. Nach drei Jahren geht er in Pension. Der Mann, der zuvor den Anblick der Kranken kaum noch ertragen konnte, behält sie bis zu ihrem Ende bei sich zu Hause, füttert und windelt sie. Sie stirbt in seinen Armen. Die Töchter helfen, soweit sie Zeit dafür finden. Später beginnt der Vater, ein Waisenhaus in einem Balkan-Staat mit Hilfslieferungen zu unterstützen, was er bis zu seinem Tod fortsetzt. Durch den Beistand für seine Frau ist er ein anderer geworden.

Das ist nur ein willkürlich herausgegriffener Fall aus unserer Arbeit mit *Chorea-Huntington*-Familien. Solche Familien müssen sich nicht mehr wie einst vor »Euthanasie« fürchten. Aber das reicht nicht, um sie vor stiller Ausgrenzung zu bewahren. Die Gesellschaft muss beweisen, dass es ihr ernst damit ist, ausreichende Betreuung und Pflege auch für die ohnmächtigsten Hilfsbedürftigen aufzubieten. Selbst wo die Medizin nicht heilen kann, vermag sie immer noch anderweitig zu unterstützen. Dass familientherapeutische Kompetenz etwas auszurichten vermag, hat die kleine Fallskizze vielleicht anschaulich gemacht. Was mit solchen Hilfen erreicht werden kann, lässt sich nicht zählen und messen. Wenn eine Schwerstkranke, wie in unserem Fall, wenigstens vorübergehend noch einmal auflebt und wenn der Ehemann entdeckt, dass er wieder der Hilfreiche sein kann, der er einmal war, so ist es doch etwas. Und wir selbst in unserem psychosomatischen Team haben in den fünf Jahren unseres Projektes hohe Achtung vor denen gelernt, deren Betreuungsarbeit wir begleitet haben.

Aber eigentlich habe ich die kleine Geschichte zur Erläuterung meiner kritischen Zeitdiagnose erzählt. Ist es nicht ein Zwiespalt, den wir alle kennen? Die Sorge, ob wir in der gnadenlosen Konkurrenz Schritt halten können, wenn wir nicht fit und obenauf sind, sondern uns mitfühlend schwach zeigen? Die Versuchung zu hassen, um nicht zu leiden?

Aber dann sieht der Ehemann ein, dass genau diese Verdrängung des Mitgefühls ihn krank macht. Und dass es ihn befreit, als er in sich die versteckte Sensibilität zulässt, in der er sein wahres Wesen wiedererkennt. Das ist doch unsere heutige Situation. Nämlich uns unserer Sensibilität als moralischer Kraft wieder innezuwerden, anstatt sie aus falscher Ohnmachtsangst zu verdrängen.

Teil III – Von Ost nach West

Vom Kalten Krieg in den unkontrollierten Kapitalismus

Nach Errichtung der Mauer dauert es eine Weile, ehe ich mit Besuchen im Osten die Möglichkeit erkunde, Beziehungen für eine Zusammenarbeit zwischen westlicher Friedensbewegung und ostdeutschen Bürgerrechtlern anzuknüpfen. Meine Erwartungen sind nicht hoch. Wie können die im Osten anders sein als das, was ihr System mit ihnen gemacht hat? Also bedrückt, gleichgeschaltet und verdrossen, jedenfalls eingeengt, so oder so Opfer des Regimes der Unfreiheit. Aber ich werde rasch eines Besseren belehrt. Diejenigen, die ich für meine Besuche auswähle oder die mich einladen, sind überwiegend ganz anderer Art: neugierig, offen, kritisch. Manche haben meine Bücher gelesen: *Die Gruppe, Lernziel Solidarität, Flüchten oder Standhalten*, die im Reisegepäck die Grenzkontrollen passiert haben. Viele wissen von meiner Friedensarbeit, vom Friedensnobelpreis für unsere Organisation. Ungehindert kann ich die jährlichen »Friedenswerkstätten« in der Ostberliner Erlöserkirche besuchen, wo sich bis zu 3000 meist junge Menschen einfinden. Heikler sind Zusammenkünfte mit kleinen Gruppen von Regimekritikern in privaten oder kirchlichen Räumen. Wie ich später in meiner Akte lese, wird fast jeder meiner Ostbesuche von der Stasi begleitet, die mein Gießener Telefon abhört, alle meine Verabredungen überwacht und mich bald als gefährliche Person einschätzt. So lese ich u. a. folgende Eintragungen:

> »Richter versucht durch Zusammenführung negativ feindlicher Kräfte eine oppositionelle Bewegung in der medizinischen Intelligenz der DDR zu schaffen.«

»Richter unterhält Kontakt zu negativ-feindlichen Kräften in der DDR und ist durch vielfältige Aktivitäten der Organisierung einer politisch-oppositionellen Bewegung in der DDR aufgefallen.«

Nur einmal arretiert man mich nach einer Rede vor Bürgerrechtlern in einer Krankenhauskapelle. Als man das Manuskript meiner Rede nicht findet, lässt man mich nach einer Stunde wieder frei. Dass man mir nichts Schlimmeres antut, verdanke ich wohl meinem Kontakt zu Willy Brandt, meiner Rolle in der internationalen ärztlichen Friedensbewegung und meiner Mitwirkung in der von Gorbatschow betreuten IFSDH (International Foundation for the Survival and the Development of Humanity).

Der Kalte Krieg schläft im Verlauf der achtziger Jahre ein. Freiheitsbewegungen in den Oststaaten brechen die Macht der stalinistischen Regime. Einzig die SED-Oberen in der DDR stemmen sich noch lange gegen den unabwendbaren Wandel. Doch sie stehen vor dem Bankrott. Die Bürgerbewegung geht mutig auf die Straße. Die Tage der Mauer sind gezählt.

Es ist, als hätte der westliche Kapitalismus auf den Kollaps im Osten nur gewartet, um sich von lästigen Skrupeln zu befreien. Die Korruption blüht auf. Bestechungs- und Parteigeldskandale überschwemmen die Medien. In der Wertedebatte steht nur noch der Erfolg hoch oben. Egoistische Rücksichtslosigkeit wird zu vitaler Robustheit. Im Manager-Magazin meldet sich ein Psychologieprofessor aus Augsburg und verkündet: Zu Unrecht seien Intrigen, Günstlingswirtschaft, materielle und psychische Korruption bislang tabuisiert und wie Krankheiten behandelt worden. »Ich vertrete einen gegenteiligen Standpunkt.« »Es ist Zeichen einer vitalen und potenten Organisation, wenn sich die genannten Anzeichen finden.« Der Professor glaubt sogar, in der Psychoanalyse eine Bundesgenossin zu erkennen. Denn auch sie zeichne neuerdings das Bild einer neuen betrieblichen Wirklichkeit.

Das sollte so nicht stehenbleiben, denke ich. Angespornt von der internationalen Resonanz auf *Alle redeten vom Frieden* versuche ich es erneut mit einer paradoxen Intervention in der Form einer Satire. Ich gebe mich als Berater für Führungspersonal in Politik und Wirtschaft aus, das ich in allen Tricks professioneller Korruption und Vertuschungstechnik trainiere. Erfolgreich regieren, ohne gekonnt zu korrumpieren, damit sei es vorbei. Unentbehrlich sei aber, das einfache Volk auf Zucht und Ordnung zu drillen und schon bei Bagatellverfehlungen gnadenlos zu belangen, weil die Massen sonst nicht mehr beherrschbar seien. Bald erscheint *Die hohe Kunst der Korruption* auf vorderen Plätzen der Bestsellerlisten. Doch eines Tages sind die Käufer plötzlich weg: Gerade ist die Mauer gefallen. Hinter ihr enthüllt sich das ganze Elend der DDR. Armseligkeit, wohin man schaut. Wen interessiert da noch im Westen, was auf der eigenen Seite getrickst, geschummelt oder unter den Teppich gekehrt wird?

Der Verlust des Wertebewusstseins

Aber nur wenige Jahre werden vergehen, bis sich der Werteverfall im Westen als wesentliche Mitursache für den Absturz in gefährliche Krisen erweisen wird. Die anwachsende Klimagefahr kommt nicht von ungefähr, sondern von einer über 30 Jahre völlig ungenügenden Vorsorge. Und in der Bankenkrise rächt sich die Verwilderung einer ganzen Branche, die auf leisen Sohlen die gesellschaftliche Ordnung untergraben hat. Sie hat sich auf den Finanzmärkten Schlupflöcher für windige Geldgeschäfte geschaffen, deren Risiken sich als verhängnisvoll herausstellen. Ein verantwortungsloses Spekulantentum hat selbst auf die staatlichen Landesbanken übergegriffen. Ein Schuldendesaster ohnegleichen tut sich auf. Nun sollten doch Verantwortliche zu finden und zu belangen sein. Aber, oh Wunder, kaum einer kommt vor Gericht. Denn alle haben nur gemacht, was sie durften. Sie haben keine Gesetze gebrochen, weil keine da waren.

Aber warum waren keine da? Aus Versehen, hieß es. Doch es war keine Panne, vielmehr Ausdruck einer uneingestandenen allgemeinen Verantwortungslosigkeit. Wie aber ist diese zustande gekommen? Offenbar durch einen Verlust an Wertebewusstsein. Erinnert man sich an Adam Smith, den Erfinder der liberalen Marktwirtschaft vor zweieinhalb Jahrhunderten, so versteht man, was uns offenbar verloren gegangen ist. Denn er setzte voraus, dass wir von Natur aus über eine Anlage zum Mitfühlen und zu Gerechtigkeit verfügen, die uns alle Zeit davor bewahren werde, eine Freiheit des Marktes zu egoistischer Willkür zu missbrauchen. Diese Gefühlsausstattung beschrieb Smith in einem Werk über

600 Seiten aufs Ausführlichste. Die *Moral Sentiments* wurden ein großer internationaler Erfolg – ein indirekter Beweis dafür, dass Smith keinem realitätsfernen Idealismus verfiel, sondern den Geist seiner Zeit traf. So erntete er auch die volle Zustimmung seines älteren Freundes David Hume, der lehrte, ein Gemeinwesen werde mehr durch gemeinsame Gefühle – er sprach von Sympathie – als durch Verträge zusammengehalten.

Wie auch immer ist die Bindungskraft dieser ethischen Gefühle geschrumpft. Egoistische Rücksichtslosigkeit hat zugenommen. Bloß ein Ärgernis, oder vielleicht doch eine krankhafte Störung? Carl Friedrich von Weizsäcker nennt, wie geschildert, Friedlosigkeit eine seelische Krankheit. Sie entstehe durch Verkümmern der großen menschlichen Kraft der Friedfertigkeit. So kann man doch auch psychische Korruption als Krankheit erklären, nämlich als Verkümmern der großen menschlichen Kraft des Mitfühlens, der sozialen Sensibilität. Schopenhauer nannte das Mitleid als Fundament von Gerechtigkeit und Menschenliebe.

Als Psychoanalytiker habe ich mich gelegentlich an Adam Smith erinnert, wenn Patienten sich unbewusst mit Symptomen dafür bestraften, dass sie aus beruflichem Anpassungsdruck ihrem Gewissen zuwiderhandelten. Sie wirkten z. B. bei kommerziell erfolgreichen Geschäften mit, die sie insgeheim als verwerflich empfanden. Erkannten sie ihre Selbstverleugnung als Krankheitsursache, fanden manche nun einen Weg, ihr Inneres mit ihrem Tun wieder in Einklang zu bringen. Ihre Symptome verschwanden. Ihre psychische Korruption erwies sich somit als heilbar. Das ist eine prinzipiell wichtige Erkenntnis. Sie beweist: Es hat sich nicht die Natur der Menschen verändert. Sondern die Menschen haben widernatürliche gesellschaftliche Verhältnisse geschaffen, die sie in Form von psychischer Korruption krank machen – und zwar in einem Grade, der sie blind macht für ihre aktuelle und ihre langfristige Selbstgefährdung.

Zwei Grenzgänger und ihre Fragen nach der Bedeutung der Religion in der Gegenwart

Der Schriftsteller Stefan Heym, zehn Jahre älter als ich, lebt in Ostberlin. Noch vor dem Mauerfall treffen wir uns auf der von evangelischen Jugendpfarrern organisierten sogenannten »Friedenswerkstatt« im Gebäude der Ostberliner Erlöserkirche. Beide werden wir, ohne es zu bemerken, von Stasi-Spitzeln begleitet. Beide kommen wir zu Wort und kritisieren die atomare Bedrohung und die Irrationalität der Abschreckungsphilosophie. Um uns herum mehrere hundert überwiegend junge Leute, die Friedenslieder singen und in Gruppen diskutieren.

Stefan und ich stellen bald fest, dass wir einander geistig und politisch näher sind, als unsere Biographien vermuten lassen würden. Er wuchs in Chemnitz auf und schrieb schon als Achtzehnjähriger antimilitärische Gedichte. 1933 floh er nach Prag, wo er als Journalist für deutschsprachige Zeitungen arbeitete. Nach den USA übergesiedelt, nahm er als Soldat an der Normandie-Invasion teil. Zurück in den USA schreibt er englischsprachige Romane, bis er als kritischer Linker ins Visier der McCarthy-Kampagne gerät. Dieser entgeht er durch Rückkehr nach Ostberlin. Hier wird er als demokratischer Sozialist erneut zur *persona ingrata*. 1978 schließt man ihn aus dem DDR-Schriftstellerverband aus. Seine systemkritischen Romane *5 Tage im Juni* und *Collin* kann er nur in Westdeutschland publizieren. Dort wiederum gilt er, obwohl niemals Mitglied der KP, dennoch als Kommunist.

Dem in Ostberlin wohnenden Ehepaar Heym ist die Stasi unentwegt auf den Fersen, bis ihr ein denkwürdiger Fehler unterläuft. Zwei Bewacher lassen einen Batzen Überwachungsprotokolle vor Stefans Ostberliner Haus im Schnee liegen, offenbar ein Versehen bei der Wachablösung. Stefan stellt die SED-Führung vor die Wahl: Entweder ich erhalte sofortige Reisefreiheit, oder ihr bekommt einen internationalen Skandal. Der Staat lenkt ein. Und der Gestaltung einer Freundschaft zwischen den Ehepaaren Heym und Richter über 20 Jahre bis zum Tode Stefans 2001 steht nichts mehr im Wege.

Wir Männer reden zusammen auf Friedensveranstaltungen. Beide wandeln wir noch kurz vor dem Mauerfall am Rande unserer jeweiligen Gesellschaften – der immer noch stalinistisch gefärbten der eine, der von kapitalistischen Egoismen dominierten der andere, beide in einem unbedingt einig: Der echte Frieden lässt sich nicht herbeiorganisieren, wenn es nicht zu einer neuen Kultur der Humanität kommt. Der Sozialismus mit staatlicher Entmündigungsgewalt hat ausgespielt. Reicht der Verantwortungssinn in einer freiheitlichen Demokratie zum Aufbau eines gerechten Wirtschaftssystems und einer sozialen Gesellschaft?

Juni 1987 werden wir beide als »Zeitzeugen« zum Evangelischen Kirchentag eingeladen. Gerhard Rein führt mit uns ein Gespräch über »Gott, die Wirklichkeit und die Deutschen«. Ich finde, er hat aus uns beiden mehr herausgeholt, als wir üblicherweise verraten. Was steckt in uns beiden an religiösen Vorstellungen? Einige Passagen erscheinen mir immer noch aktuell.

Rein fragt Heym: Herr Richter hat davon gesprochen, daß Sie als Jude emigriert sind. Was für ein Jude sind

Sie? Dies ist keine Bekenntnisstunde. Aber ich möchte natürlich wissen, was es bedeutet, als Jude nun in der DDR zu leben, und was es für Sie als Jude bedeutet, als Jude über Gott nachzudenken. Haben Sie da etwas anderes als wir Christen erfahren?

Heym: Sehen Sie, die Juden gehören zu einer verfolgten Minderheit, nicht erst seit Hitler. Das ist über die Jahrtausende gegangen, und das hat sie natürlich geprägt. Ich glaube, das hat auch mich geprägt. Man gehört eben zu einer verfolgten Minderheit.

Das bedeutet natürlich nicht, daß man alles glaubt, was die geglaubt haben. In meiner Jugend habe ich eine wenig religiöse Haltung gehabt. Denn in der Weimarer Zeit, in der ich meine einprägsamsten Jahre gelebt habe, waren die Kirche und natürlich auch das jüdische Establishment sozusagen staatserhaltend. Sie waren alle etabliert und einverstanden mit den Dingen, wie sie waren. Dabei war doch klar, daß das, was war, nicht gut und nicht richtig war. Erst recht in der Hitlerzeit, wenn Sie die Rolle der Kirche verfolgen, war das keine erfreuliche Sache. Man darf aber natürlich die Kirche und Gott nicht verwechseln. Gott ist eine ganz andere Sache. Das ist nicht gegen die Kirche gesagt. Die Kirche ändert sich heute. Sie ändert sich besonders in der DDR.

Aber Gott, was ist denn dieser Gott? Ich habe mir sehr viele Gedanken darüber gemacht: Brauchen wir ihn, und wie sieht er aus? So ist es gekommen, daß ich mich gleich in zwei Romanen, im *König David Bericht* und im *Ahasver* mit diesem Gott beschäftigt habe, der auch mein Gott ist; denn ich habe ihn mir ausgedacht. Ich glaube überhaupt, daß Menschen sich den lieben Gott, ihren lieben Gott, ausdenken. Ich bin nicht sicher, ob er außerhalb unser überhaupt existiert.

Lassen wir das dahingestellt! Es gibt dafür keinen Beweis, und es gibt auch dagegen keinen Beweis. Aber für den Menschen ist es doch, im allgemeinen so: Die Menschen haben eine Urangst. Sie haben eine Urangst vor dem Universum, vor den Rätseln, die da sind. Der Höhlenmensch hat Angst gehabt vor Blitz und Donner, hat eine Zuflucht gesucht und hat versucht zu ergründen, warum so etwas ist. Noch heute ist es bei uns so: Je weiter wir vorstoßen in den Kosmos, je mehr wir über die Teilchen, über Gene und was auch immer lernen, desto mehr Rätsel öffnen sich uns.

Für diese Rätsel, die immer mehr werden, wissen wir nur eine Antwort: Irgendwo sitzt da ein Gesetz! Da redet man von dem Urknall. Was war denn vor dem Urknall, wer hat denn diesen Urknall geschaffen, und wo war die Materie, die aus diesem Urknall herauskam? Wieso war das eine Materie, die irgendwo ein Staubkörnchen enthielt, das die Möglichkeit hatte, daß daraus ein Mensch entstand, und zwar ein Mensch mit einer solchen Organisation der Materie, daß er über sich, über die Rätsel der Natur und über diesen Gott nachdenken konnte? Woher kommt das? Wenn Sie das richtig bedenken, glaube ich, könnte man fast verrückt werden. Da wir nicht verrückt werden wollen, haben wir irgendwie einen Gott geschaffen. So sehe ich das, und so habe ich das geschrieben.

Ich möchte auf mein Buch *Ahasver* zurückkommen, nicht als eine Reklame dafür – bitte, mißverstehen Sie mich nicht –, sondern weil mich gerade dieses Problem, das Sie angesprochen haben, interessiert hat, und weil ich das da beschrieben habe. Es geht darum: In dem Buch gibt es zwei Leitfiguren. Der eine heißt Luzifer und ist natürlich der Teufel. Der andere heißt Ahasver und ist der Ewige Jude. Aber der Ahasver in meinem

Buch ist nicht nur der Ewige Jude, er ist auch ein gefallener Engel wie Luzifer.

Der Unterschied zwischen beiden ist, daß Lúzifer sagt: Diese Welt, die Gott geschaffen hat, die stinkt, und alles, was man zu tun braucht, damit sie zugrunde geht, ist, sie so weitermachen zu lassen, diesen Gott so weitermachen zu lassen, diese Menschen so weitermachen zu lassen, und am Ende werden sie sich selbst vernichten! Das ist die große Idee des Teufels, die teuflische Idee. Dieser Ahasver aber ist ein Revolutionär. Er sagt: Gut, es ist nicht alles richtig, diese Schöpfung ist nicht vollkommen, aber es ist meine Aufgabe, unsere Aufgabe, das zu ändern. Die Menschen sind veränderbar, die Welt ist veränderbar.

Das sind diese beiden Typen, und ich muss Ihnen sagen: Obwohl mir Luzifer sehr am Herzen liegt – das ist ein sehr gescheiter Kerl, und seine Taktik ist gar nicht so schlecht –, ist mein Herz auf der Seite von Ahasver, der glaubt, daß man die Welt und die Menschen verändern kann, und der sich damit auch in Gegensatz zu der Prädestinationslehre stellt. Denn nach der Prädestinationslehre ist alles vorbestimmt, da können wir gar nichts tun. Ich meine, wir können sehr viel tun. Den Beweis, daß das möglich ist, erbringen Sie alle hier.

Rein: Herr Richter, wie gehen Sie als Therapeut mit Gottesvorstellungen um? Gibt es eine Ohnmacht in uns allen, die eigene Gottesbilder erzeugt?

Richter: Ich muß erst einmal noch etwas zurückgehen und eine kritische Bemerkung zu Heyms Vorstellung machen, daß es heute noch üblich oder noch weit verbreitet sei, wie im 19. Jahrhundert oder Anfang des 20. Jahrhunderts die Rätsel, die durch die Naturwissenschaften immer wieder neu eröffnet werden, staunend in Gottergebenheit aufzunehmen.

Ich glaube, daß wir heute in einem Kulturkreis leben, in dem beileibe nicht dieses Staunen, dieses Bewundern, diese Ergebenheit, diese Ehrfurcht vor den Rätseln der Schöpfung unsere Kultur und unsere Politik bestimmen. Herrschend ist ein ganz anderes Verhältnis, das im Augenblick vielleicht durch SDI, durch die Aufrüstung des Weltraums, am deutlichsten sichtbar wird, nämlich daß man sich das, was noch an Geheimnissen da ist, zunutze macht, daß man das erforscht, aber nicht um es zu verehren und darin Gott zu finden, sondern um in eigener Identifizierung mit Gott, sozusagen mit einem Allmachtsanspruch, diese Erkenntnisse technisch zu nutzen. Ich glaube, daß unsere unverantwortlichen und viel zu risikoreichen Hochtechnologien in der Atomtechnik und in der Rüstung Ausdruck dieser Identifizierung mit göttlicher Allmacht sind.

Ich glaube allerdings, daß damit eine zwiespältige Haltung gegenüber Gott oder der Gottesidee mehr und mehr sichtbar wird. Man hat Angst, Gott endgültig zu verlieren, obwohl man ihn schon weitgehend in dem Fortschritt kastriert und ohnmächtig gemacht hat. Man will sich das aber nicht eingestehen und will sich weiterhin Gott erhalten als einen, der einen schützt, der einem Geborgenheit gibt, an dessen Gnade man glaubt. Gleichzeitig aber sieht man heimlich dieser Schöpfung nicht ehrfurchtsvoll zu, sondern macht vieles, was diese Schöpfung mit endgültiger Vernichtung bedroht. Wir sollten ehrlich sein und uns eingestehen: Wenn wir so weitermachen, kommen wir zu diesem Ende und haben eigentlich ein heuchlerisches Verhältnis zu Gott.

Rein: Herr Richter, hat das neue Denken etwas mit der notwendigen Verbesserung der sozialistischen Gesellschaftssysteme zu tun, oder könnten Sie sich vorstellen, daß auch unserem Gesellschaftssystem ein neues Denken gut zu Gesicht stünde? Ich frage dies deshalb, weil ich weiß, daß Sie und viele Menschen sich in den letzten Wochen und Monaten Sorgen darüber machen, daß hier immer noch ein Bild entworfen wird, das von der anderen Seite als von der Dunkelheit und von der eigenen Welt als von der Lichtwelt spricht. Woher kommen solche Beschreibungen, daß man hier das Reich des Lichts, dort das Reich der Finsternis zu sehen meint? Drücken sich Ängste darin aus, daß dieses Feindbild entsteht?

Richter: Das ist eine alte Denktradition, auch im Christentum. Es kam von den Manichäern auf Augustin, das Bild, daß es auf der einen Seite ein Reich des Lichtes gibt, das Reich des Guten, und auf der anderen Seite ein Reich der Finsternis, das Reich des Bösen, und daß es keine Versöhnung zwischen diesen beiden Reichen gibt. Wir haben in den letzten Jahrzehnten immer wieder erlebt, daß die Einteilung in zwei solche unversöhnlichen Reiche ein bestimmendes Merkmal der Mentalität ist, die zum Beispiel dieses atomare Wettrüsten begründet hat.

Ich glaube, daß wir heute lernen müssen, systemübergreifend zu denken. Tschernobyl und ähnliche Vorfälle haben uns gezeigt, daß die Grenzen zwischen den Blöcken nicht mehr respektiert werden von den Gefahren und Bedrohungen, die unser aller Leben gefährden.

Es gibt die Prognose von Experten, die besagt: Wenn wir nicht in den nächsten zwanzig Jahren diese Billionen, die wir jetzt in die Rüstung und eventuell in SDI pumpen, noch umgehend in umweltschützende Technologien umleiten, dann werden wir noch in dieser Generation so irreversible Zerstörungen der Umwelt produzieren, daß das alle künftigen Generationen nicht mehr ändern können.

Wir müssen lernen, auf dieser Welt in Überwindung der herkömmlichen Dogmen eine neue Denkform zu entwickeln, die es uns ermöglicht, gemeinsam die internationale Politik zu vermenschlichen, wie Gorbatschow das gesagt hat, und zugleich zu kooperieren, um die Umwelt zu schützen. Ich habe bei Begegnungen in Moskau, die letzte vor zwei Wochen mit Valentin Falin, mit dem ich eineinhalb Stunden sprechen konnte, herausgefunden, daß man dort drüben mit manchen Vorstellungen weit über das hinausgeht, was wir uns hier im Augenblick noch vorstellen. Es ist ein Problem, daß wir hier pausenlos mit einer Propaganda versehen werden, wonach wir es drüben mit einem Reich der Aggression, der Finsternis und der Bedrohung zu tun haben. Das führt dazu, daß hier ein Teil der Menschen die »eigenen« – wenn ich das so sagen darf – Atomraketen als hilfreich empfindet. Nicht zufällig werden die häufig mit Götternamen aus der Antike versehen. Ich weiß nicht, ob Ihnen das schon einmal aufgefallen ist, daß diese Raketen Nike, Herkules, Poseidon, Titan oder Saturn heißen. Das ist genau der Ausdruck dieser eigenen Gottesidentifizierung: Wir produzieren selbst unsere Götter. Unsere Götter sind unsere gefährlichsten Maschinen, die wir entsprechend benennen, diese todbringenden Raketen. Die halten wir aber für gut, weil sie gegen Luzifer, den Teufel, das Reich der Finsternis drüben gerichtet sind.

Ich glaube, die Überwindung dieses manichäischen Dualismus, der Wille, sich von dieser Einteilung der Welt in die beiden unversöhnlichen Reiche zu lösen, ist der Kernpunkt eines neuen Denkens.

Rein: Herr Richter, fühlen Sie sich als Außenseiter der Gesellschaft der Bundesrepublik?

Richter: Wenn ich denke, wie viele heute abend zu uns

beiden gekommen sind, dann gibt es zumindest noch genügend Wohlgesinnte, oder wenn ich vor einer Woche in Bonn bei der großen Friedensdemonstration mit hunderttausend Menschen war, mit denen ich mich einig gefühlt habe, so kann ich mich über ein mangelndes Gefühl der Geborgenheit nicht beklagen. Eher sehe ich mein Problem darin – das habe ich einmal mit dem »Friedensprofi« gemeint –, daß man, wenn man relativ oft und engagiert auftritt, in meiner Generation nicht sehr viele hat, die sich noch ähnlich dauernd so exponieren, daß man Erwartungen, Idealisierungen auslöst oder Projektionen bekommt, denen man nicht gewachsen ist. Deswegen ist es mir eine Freude, zu sehen, daß jetzt sehr viel von unten nachwächst und gerade auch von jungen Christen sehr viel an neuen Ideen und Bewegungen kommt, so daß ich mir sagen kann, daß wir Älteren überhaupt keine Außenseiter sind, sondern im Gegenteil jetzt vielleicht von jungen Kräften überholt werden, die das einmal besser machen, als wir das in meiner Generation gemacht haben. Denn ich gehöre immerhin zu einer Generation, die ein großes Scheitern zu verarbeiten hat.

Rein: Sie gehören auch zu einer Zunft, die es nicht schätzt, wenn jemand aus ihren Reihen sich zu weit vorwagt. Haben Sie auch Erfahrungen gemacht, daß man es nicht so gerne sieht, daß Sie als Arzt, als Professor und als Analytiker permanent kämpfen?

Richter: Ich habe sehr früh einmal gelernt, übrigens auch mit Hilfe meiner Frau, daß viele Männer Frauen brauchen, um mutiger zu werden. Ich gehöre zu ihnen. Im Verlauf dieses gemeinsamen Lernprozesses ist mir klar geworden, daß es wichtiger ist, das zu tun, wovon man überzeugt ist, als in seiner Zunft beliebt zu sein.

Stefan und ich benutzen eine gemeinsame Reise nach Zermatt, um unter den Viertausendern, von denen ich die meisten im Verlauf von Jahrzehnten bestiegen habe, 14 Tage lang laut über uns selbst nachzudenken. Auf Spaziergängen in halber Höhe, in der Nähe der Baumgrenze, zwischen alten Lärchen und Arven-Kiefern, die mit oft gebrochenen abgeknickten Stämmen und teils schon verdorrten Ästen verraten, was sie an Stürmen und Blitzeinschlägen zu verarbeiten hatten. Aber zwischen ihnen blühen Ende Juli im Gras duftende kleine braunrote Orchideen, fliederfarbene Astern und schneeweiße Margeriten. Zwei Wochen denken wir alten Männer über die Spuren der selbst erlittenen Blitzeinschläge und Sturmschäden nach und freuen uns dabei über die kleinen Alpenblumen vielleicht mehr als jemals zuvor.

Es hat wohl ein wenig Symbolcharakter, dass wir in dieser Natur an der Baumgrenze die passende Stimmung finden, uns voreinander zu öffnen. Alte Bäume, verwittert, trotzig, aber immer noch begrünt, und am Boden darunter die versteckten kleinen Orchideen, ein frisches Leben inmitten der Kargheit. Auch wir sind ja noch am Kämpfen und denken an die Jungen, denen wir Mut mitgeben wollen. Zurückgekehrt, machen wir aus dem, was wir uns gegenseitig erzählt haben, unsere Autobiographien. Stefan schreibt seinen *Nachruf*, ich *Die Chance des Gewissens*.

1993 wird Stefan für sein Engagement gegen Rassismus und Fremdenfeindlichkeit als erster deutscher Schriftsteller mit dem Jerusalem-Preis für Literatur ausgezeichnet. 2000 verleihen die Friedensärzte der IPPNW ihm die Friedensmedaille unserer Organisation. Auf der Urkunde heißt es:

»Über 70 Jahre erhebt Stefan Heym als engagierter Intellektueller seine Stimme für ein sozial gerechteres

Bei der Verleihung der Friedensmedaille der IPPNW an Stefan Heim 2000

freiheitliches Zusammenleben, geradlinig und unbeirrbar durch Bedrohungen, Bespitzelungen, Verbot seiner Bücher und andere Formen der Diskriminierung. In der laufenden literarischen Verarbeitung der Zeitgeschichte beeindruckt er mit einem unerschütterlichen Glauben daran, daß die Menschen und die Gesellschaften veränderbar sind.«

Wege zur Humanisierung der Gesellschaft:
Zehn Jahre Ost-West-Symposium
»Politische Selbstbesinnung«

Mit dem Ende von Gorbatschows Amtszeit verliert auch die »International Foundation for the Survival and the Development of Humanity« ihre Arbeitsgrundlage. Ohne Gorbatschows Unterstützung geht es nicht weiter. Aber es war eine kostbare Erfahrung für alle Mitglieder. Als wir, Hans-Peter Dürr und ich, die ersten Interessenten für diese Initiative im Kreml gesammelt hatten, hatten wir uns nicht träumen lassen, was eine solche bunte Gruppe nachdenklicher Geister aus Wissenschaft, Wirtschaft, Technik, Politik und Religion an Hilfen zum Verständnis unserer Zeit und ihrer dringlichsten Aufgaben beisteuern könnte. Allein die Einbindung von Sacharow in diese Gruppe, von Gorbatschow unterstützt, war von großer Bedeutung. Dieser Erfinder des ultimativen Produktes der technischen Revolution, der in die Hölle geblickt hatte, lehrte uns: Wir müssen erst wahre Menschen werden mit ungeteilten Rechten überall, um dem Abgrund zu entkommen. Und dann kam McNamara aus dem anderen Teil der Welt, den die Vietnam-Schuld nie losgelassen hatte und der wie Sacharow eine Umkehr aus dem atomaren Wahn verlangte. Dazu Gorbatschow, der mitten in der Krise Rat bei alter indischer und griechischer Philosophie suchte, wie er uns erklärte. 30 Menschen, die ein neues Denken als Richtlinie für einen radikalen Wandel zu einer Politik der Gemeinsamkeit suchten und dafür internationale Projekte ersannen.

In Deutschland hat gerade die Vereinigung stattgefunden. Aber die Menschen verstehen zunächst nicht, diese ersehnte technische Lösung zu einem psychischen Zusammenwachsen auszunutzen. Könnte uns nicht die in Moskau geborene Initiative einen Hinweis für ein spontanes Unternehmen geben, das zum Abbau der Entfremdung zwischen den Menschen der beiden Landesteile beitragen könnte? Mir kommt ein Plan in den Sinn: Bekannten nachdenklichen Geistern aus Politik, Wirtschaft, Medien, Literatur, Wissenschaft und Kirche aus beiden Landesteilen ein in Abständen tagendes »Ost-West-Symposium« mit dem Titel »Politische Selbstbesinnung« anzubieten. Eine kleine Gruppe von 12 bis 15 Personen aus den verschiedenen politischen Flügeln – zwei bis drei Tage zusammen sein, keine großen Vorträge, nur kurze Einführungen, dann offene Gespräche. Keine Fixierung von Ergebnissen, keine Berichte an die Medien. Vereinbarung von Vertraulichkeit, um einen offenen, persönlichen Austausch ohne Rücksicht auf Außenwirkung zu ermöglichen. Nach den langen Erfahrungen in Gruppendynamik, Gruppentherapie und in der Friedensbewegung traue ich mir das Wagnis zu einem solchen Symposium zu. Eine wichtige Voraussetzung zum Gelingen wird die Beteiligung von Teilnehmern sein, die nicht nur andere belehren, sondern gern auch zuhören wollen.

Ich bespreche mich mit Egon Bahr, der zusammen mit Willy Brandt die entscheidende Vorarbeit für die deutsch-deutsche Vereinigung geleistet hat. Er findet den Gedanken gut und gewinnt die Friedrich-Ebert-Stiftung für organisatorische Hilfe. Stiftungsmitglied Axel Schmidt-Gödelitz wird Partner in der Planung und Moderation. Eine erste Probeveranstaltung findet November 1992 in einem Hotel am Berliner Wannsee statt. Eingeladen haben wir eine kleine Gruppe, fünf aus Ost, acht aus West, fünf Frauen, acht Männer, aus

Politik, Wirtschaft, Medien, Wissenschaft, Kirchen, darunter Egon Bahr, Marion Gräfin Dönhoff, Friedrich Schorlemmer, Hildegard Hamm-Brücher, Marianne Birthler, Jens Reich und Lothar de Maizière. Wir sind von Freitagabend bis Sonntag zusammen. Am Sonntag marschieren wir gemeinsam zu einer Veranstaltung im Lustgarten, wo Bundespräsident von Weizsäcker eine Rede hält. Der ist von unserem Vorhaben sofort angetan und wird fortan bis 2002 bei fast allen Symposien dabei sein.

Ich bin überrascht, wie engagiert sich die Eingeladenen auf unserer ersten Probeveranstaltung beteiligen und sich über das Angebot freuen, das Symposium als Reihe – ein- bis zweimal pro Jahr – fortzusetzen. Dank an die Friedrich-Ebert-Stiftung, dass sie uns das ermöglichen will. Vom nächsten Mal an treffen wir uns in einem ehemaligen HO-Hotel am Müggelsee, vormals Territorium der DDR. Freitagabends gemeinsames Abendessen. Sonnabend vor- und nachmittags Gruppenarbeit, in den Pausen Spazierengehen, Landschaft genießen, Ausruhen. Sonntag wieder Gruppenarbeit, Abschiedsessen.

Um wenigstens von der Art des wechselnden Teilnehmerkreises einen Eindruck zu vermitteln, sei eine Auswahl von regelmäßig oder nur sporadisch Mitwirkenden zusätzlich zu den schon Aufgeführten genannt: Norbert Blüm, Dr. Hans Otto Bräutigam, Propst Heino Falcke, Prof. Andreas Flitner, Hermann Freudenberg, Joachim Gauck, Christoph Hein, Regine Marquard, Prof. Rita Süssmuth, Christa Wolf, Dr. Christine Hohmann-Dennhardt, Dr. Lothar Späth, Prof. Walter Jens, Oskar Lafontaine, Prof. Dieter Klein, Christoph Dieckmann, Prof. Rudolf Hickel. Während der folgenden zehn Jahre wächst der Kreis der Eingeladenen auf über 30 an, was trotz der Terminschwierigkeiten jeweils eine Runde von 12 bis 15 Teilnehmerinnen und Teilnehmern zusammenzustellen ermöglicht. Egon Bahrs Unterstützung erleichtert mir dabei meine persönliche Aufgabe sehr.

Es ist schnell Neugier aufeinander erwacht. Gleich am Anfang und bei den nächsten Symposien fällt ein Unterschied auf. Die aus dem Osten verraten leichter, wie es in ihnen aussieht, nämlich dass es ihnen weh tut, sich erniedrigt zu fühlen. Dass man nicht anerkennt, welchen Mut es sie gekostet hat, sich schließlich gemeinsam aufzulehnen und die Freiheit zu erkämpfen. Nun werden sie behandelt, als seien sie auch als Menschen zurückgeblieben, als müssten sie sich erst einmal bewähren, um als vollwertig anerkannt zu werden. In unserer Runde schämen sie sich weniger, ihre Gefühle zu offenbaren. Die westliche Rivalitätsgesellschaft lehrt wohl eher, aufzupassen, sich nicht so schnell anzuvertrauen, sich nicht so leicht eine Blöße zu geben. In unserer Gruppe hat die größere östliche Durchlässigkeit die Annäherung aneinander beschleunigt und das Klima aufgelockert. Die verabredete Vertraulichkeit verbietet mir, in diesem Zusammenhang Namen zu nennen. Aber ein Teilnehmer aus dem Osten, der im Westen für die *Zeit* schreibt, hat mir erlaubt, aus einem Redebeitrag von ihm zu zitieren. Es ist Christoph Dieckmann, der in wenigen Worten beschreibt, wie einer aus dem Osten den Westen sieht, die Vereinigung deutet und die Wirkung auf die Seele der Ostdeutschen erlebt. Nur ein paar Sätze, aber sie erfassen einen Aspekt des ganzen Dramas. Und sie zeigen einen Zusammenhang von Empfinden und Denken, den die Politik kennen muss, um zu verstehen, was sie tut und warum sie es tut:

»DDR und BRD haben als polemische Symbiose gelebt: Die Vertilgung der einen Seite durch die andere löste diese Symbiose auf, brach die beidseits erklärende Geschichte ab und brachte die Überlebende in Identitätsschwierigkeiten. Die DDR hat's gut. Sanfter ruht kaum eine Diktatur.«

»Dieser Anschluß war keine Vereinigung in einem *tertium comparationis*. Dieser Anschluß hieß Ausschluß von Erfahrungen des Ostens (nicht zu verwechseln mit den viel besungenen *Errungenschaften*) hieß *Adoption* statt *Adaption*.« »Der Osten absentiert sich und versackt in provinzieller Selbstgerechtigkeit wie ehedem: Machen kannste eh nischt, alles entscheiden die drüben (vulgo: die Bonzen, die da oben).«

Richard von Weizsäcker von Anfang an für unser Symposium zu gewinnen, erweist sich als besonderes Glück. Denn keiner aus der politischen Klasse des Westens erreicht das Format seiner kritischen und selbstkritischen Analysen, die er sogar als Bundespräsident in einem Interview mit Günter Hofmann und Werner A. Perger ungeniert der Öffentlichkeit darlegt. Als Mitglied unseres Symposiums gibt er uns wichtige Stichworte: Den Parteien hält er vor, dass sie mehr Einfluss durchsetzen, als ihnen zustehe, dass ihr Verantwortungssinn hinter ihren Machtinteressen zurückbleibe. Die Kirchen sollten statt ewiger apologetischer Diskussion stärker die Notwendigkeit solidarischen Handelns herausstellen, die Wissenschaftler engagierter bei der gemeinsamen Orientierungssuche helfen; die im Osten sollten bei aller wichtigen rückblickenden Wahrheitssuche sich mehr um Verständigung und Versöhnung kümmern. Kernpunkt seiner Analyse: Der Macht fehle zurzeit die Herausforderung durch den Geist. Sie selbst, also die Macht, wolle eben diese Herausforderung verhindern. Und der

Gespräch mit Richard von Weizsäcker während der Müggelsee-Konferenz »Politische Selbstbesinnung«

Geist sei dabei, sich in die Resignation zurückzuziehen.

Genau dies sind die kritischen Punkte, an denen wir in den folgenden zehn Jahren arbeiten – mit dem Erfolg, wie die Mehrheit feststellt, uns gegenseitig vielfältig anzuregen, was auch Weizsäcker lobt. Doch in der Gesellschaft zieht sich der Geist weiter aus der Politik zurück. *Spiegel*-Herausgeber Augstein stellt fest: »Es stimmt ja, daß Kanzler Helmut Kohl außer an der Machterhaltung an überhaupt keinem politischen Problem irgendein Interesse hat.«

Die von der CDU einst versprochene geistig-moralische Wende ist eher in Gegenrichtung eingetroffen. Die Parteiskandale werden häufiger. Die Bürgerferne der Politik wächst. Wenig ist von der erhofften gegenseitigen Ost-West-Befruchtung zu spüren – anders als wir uns innerhalb unseres Kreises erleben. Hier springt bald der Funke über – früher von Ost nach West als umgekehrt, dank der gewohnheitsmäßig größeren Offenheit der Menschen aus dem Osten.

Doch bald steigen auf beiden Seiten die Spannung und das Bedürfnis, die Nähe zu einem intensiven Austausch zu nutzen – eine Neugier, die über die zehn Jahre der Zusammenarbeit anhält. Verantwortliche aus der Tatwelt und engagierte Intellektuelle genießen es offensichtlich, gemeinsam besser zu erforschen, warum es so ist, wie es ist, und wie es besser sein sollte – und was zur Humanisierung unserer Gesellschaft anders gemacht werden muss. Die vereinbarte Vertraulichkeit verhindert, Ergebnisse direkt nach draußen zu tragen. Man will ja nicht etwa über die Medien damit konfrontiert werden, was man Kritisches über das eigene Lager oder Freundliches über die Gegenpartei gesagt hat. Gerade diese Offenheit im gemeinsamen Nachdenken ist es ja, die über die Jahre das Interesse an dieser Arbeitsform lebendig erhält.

Von außen mag es den Anschein haben, ein solches Unternehmen in der Abgeschiedenheit sei fragwürdiger Luxus. Aber ich würde aus meiner Erfahrung heraus eher sagen, gerade solche kritische und selbstkritische Besinnung mal abseits vom üblichen rasenden Betrieb, der von der Innenwelt absperrt, ist nicht nur psychosomatisch heilsam, sondern beinahe unerlässlich in einer Zeit, in der pausenloses Machen das innere Verarbeiten immer mehr überholt – mit der Folge, dass das langfristig Notwendige zunehmend aus der Sicht kommt und die Voreiligen viel Unheil anrichten.

Dass mich äußere Umstände nötigen, das spannende Unternehmen nach zehn Jahren zu beenden, bedauern manche Teilnehmerinnen und Teilnehmer ausdrücklich.

Richard von Weizsäcker gehört dazu. Er schrieb mir: »Der Kreis der Teilnehmer war ein Unikat, ersatzlos.« Ein solches Projekt ist natürlich ein Risiko, wenn man keine stützende Partei oder Organisation hinter sich hat. Die Teilfinanzierung durch das Sigmund-Freud-Institut fiel weg, weil mein dortiges Direktorat endete. Manche denken ja auch, mit 80 sollte einer aufhören.

Teil IV – Sich selbst in den anderen wiedererkennen

Eine Gefälligkeit für Peter Ustinov

Aber einer besteht darauf, dass ich noch nicht aufhöre. Es ist Sir Peter Ustinov. Er lässt mich bitten, eine von ihm gestiftete Gastprofessur an der Universität Wien zu übernehmen. Ich zögere, weil ich gerade in Vorarbeiten für mein Buch *Krise der Männlichkeit* stecke. Da ruft er mich an und wird gleich energisch: »Sagen Sie nicht, dass Sie zu alt sind. Sie sind erst 80, ich bin 82. Sie haben also keine Entschuldigung!« Ich muss lachen, aber fühle mich entwaffnet. Er möchte, dass ich an das Thema seines letzten Buches über Vorurteile anknüpfe, das er gerade abzuschließen im Begriff ist. Er legt mich dadurch fest, dass er mich im letzten Kapitel schon vorstellt und ankündigt. Ich freue mich, diesem wunderbaren Mann einen Gefallen erweisen zu können. Ein Bekenntnis am Schluss seines Buches, das er einem Freund in den Mund legt, lässt mich eine große Nähe zu ihm fühlen:

»Meine Lebenserfahrung sagt mir«, so Ustinov, »dass der Hass auf andere Menschen Selbsthass ist, getarnter Selbsthass. Gegen die Verachtung wurde uns die Toleranz gepredigt (...). Doch ist sie wirklich die Lösung der Welt-Probleme, die Toleranz? Obwohl ich pragmatisch bleiben will: Ich glaube, sie reicht nicht ganz. Denn Toleranz heißt Duldung. Die Toleranz, so human sie ist, fordert uns auf, den anderen zu dulden. Mir ist das zu wenig. Ich gehe mit Zeitgenossen wie dem wunderbaren Journalisten Georg Stefan Troller. Er wurde gefragt, warum er so viele Filme über Behinderte gedreht habe und über Strafgefangene. Er gab zur Antwort: ›Weil wir alle irgendwie behindert sind.‹ (...) Und über die Gefangenen: ›Es kommt darauf an, dass die

Zuschauer sogar bei einem ihnen fremden, anfangs ganz unsympathischen Menschen sagen: Das bin ja ich‹.«

Genau dies hat mich in den Filmen Georg Stefan Trollers angerührt: »Das bin ja ich«. Das hatte auch ich als Soldat an der Ostfront gedacht, nachdem ich freundliche Russen kennengelernt hatte und anschließend auf ebensolche mit meiner Haubitze schießen musste: »Aber die sind ja so wie ich.« Das ist es also auch, was den alten großen englischen Schauspieler, Schriftsteller, Filmregisseur, Sonderbotschafter der UNICEF und ehemaligen Universitäts-Rektor Ustinov so bewegt, dass er damit sein letztes Buch enden lässt. Dass ich ähnlich fühle, hat er wohl meinen Veröffentlichungen entnommen und mich deshalb zur Fortsetzung seiner Aufklärungsarbeit eingeladen.

Ich habe meine Zusage zu der Gastprofessur mit seinem Versprechen verknüpft, mit mir zusammen auf einer Veranstaltung zum 1. Jahrestag des Irak-Krieges zu reden, und zwar vor einem Depot amerikanischer Atomraketen in Ramstein in der Pfalz. Er hat zugesagt. Seine Anreise war gut geplant. Da kommt die Nachricht von seiner akuten schweren Krankheit. Genau zu Beginn meiner Wiener Vorlesungsreihe muss ich den Hörern seinen Tod bekannt geben. Ich schließe an sein letztes Buch an, so wie er es sich vielleicht gewünscht hätte, nämlich mit dem Gedanken: »Krieg heißt, Menschen zu töten, die so sind wie ich selbst.«

Peter Ustinov ist wie ich ein Verehrer des Ex-US-Präsidenten Jimmy Carter geblieben, auch nachdem die Amerikaner ihre Reue-Pflicht über Vietnam für abgeleistet hielten und zu dem Stärkekult-Politiker Ronald Reagan übergelaufen waren. Carter habe, so Ustinov, zum Präsidentenamt nach Abwahl noch eine höhere Stufe erklommen, nämlich als Ex-Präsident mit einem einmaligen moralischen Engagement mehr für die Menschen getan, als er es im Amt des Präsidenten je tun konnte. Wenn andere Politiker Menschenfreundlichkeit als Werbung in eigener Sache betrieben, so treffe das für Jimmy Carter nicht zu. Mehrere Seiten seines letzten Buches hat Ustinov der Würdigung Jimmy Carters gewidmet. Ich merke, er findet bei Carter, woran er selber glaubt. Und es bewegt mich, dass er mir aufgetragen hat, an seine Botschaft mit meinen Gedanken anzuknüpfen, obwohl mir trotz meiner satirischen Neigungen seine Fähigkeit abgeht, Geist und Herz durch einen einzigartigen Humor zu versöhnen.

Von der Gläubigkeit zur Ratlosigkeit

Bei der Skizzierung meiner Theorie vom Gotteskomplex hatte ich davon gesprochen, dass die Menschen am Ausgang des Mittelalters in der Wissenschaft einen Weg suchten, gläubige Abhängigkeit in herrscherliche Eigenmacht zu verwandeln. Es war ein Aufstand des Intellekts gegen das Ausgeliefertsein an die Ungewissheit göttlicher Gnade. Es ging um die Überwindung von Unmündigkeit. Das war der Beginn einer sich über die Jahrhunderte hinziehenden wissenschaftlichen und schließlich auch technischen Machtergreifung, die psychologisch mit einer Unterdrückung der Gefühlsseite einherging, also von Hingabe, Mitgefühl, Vertrauen, Ehrfurcht und Liebe. Der zeitweiligen Wiedererweckung dieser Gemütsseite in der Romantik folgte der in endloses Rivalisieren mündende Eroberungsehrgeiz des Industrie-Zeitalters. Nietzsche versprach den Aufschwung zum Übermenschen.

Aber was wurde aus den unterdrückten Sehnsüchten nach Geborgenheit, nach Schutz und Beistand? Diese verdrängten Wünsche verwandelten sich in eine verhängnisvolle Disposition, die zu den verheerenden Massenbewegungen des 20. Jahrhunderts führte. Die Erlösungshoffnungen verwandelten sich in einen blinden »Unterwerfungsdurst« (Le Bon) oder in primitive »Autoritätssüchtigkeit« (Freud).

Freud hat diese massenpsychologische Regression ausführlich in seiner großen Arbeit *Massenpsychologie und Ich-Analyse*, erschienen 1921, beschrieben. Als selbst Verfolgter musste er dann die praktische Realisierung seiner Theorie ohnmächtig über sich ergehen lassen.

Wilhelm Reich und Ernst Simmel waren die letzten deutschen Psychoanalytiker, die unmittelbar vor ihrer Flucht in die Emigration das Thema der massenpsychologischen Hörigkeit noch einmal öffentlich aufgriffen. Der vorläufige Rückzug aus der politischen Psychoanalyse unterbrach dann für längere Zeit die sozialpsychologische Erforschung der massenhaften suchtartigen Selbstentmündigung der Nazi-Gesellschaft. Die grausame Ausrottungspolitik schien es von selbst zu verbieten, die an Hitler geknüpften Erlösungswünsche auf ihre Abkunft aus alten religiösen Anbetungsbedürfnissen abzuleiten. Vor aller Augen stand das Bild eines der schlimmsten Massenmörder der Geschichte. Wer sollte sich jetzt eingestehen, diesem Monster jemals ergeben gehuldigt zu haben, wie es aber massenhaft der Fall gewesen war? So kam es zu der stillschweigenden Übereinkunft: Wir alle sind massiv getäuscht worden. Wir sind unserer Gutgläubigkeit erlegen. Aber woher kam die Gutgläubigkeit? Diese Frage hätte zu dem unbewussten »Unterwerfungsdurst« oder der »Autoritätssüchtigkeit« als Gründen der Gutgläubigkeit führen müssen.

Der nächste Schritt wäre, danach zu fragen: Warum ist die Unterwerfungsbereitschaft blind geworden? Denn die Gutgläubigkeit hat ja das Gute aus dem Blick verloren und ist zur Leichtgläubigkeit abgesunken. Da meldet sich nun wieder die Annahme des Gotteskomplexes als Erklärungshilfe. Seit der Mensch der Neuzeit auf dem Wege ist, sich die ursprünglich Gott zugesprochene Allmacht durch wissenschaftlich technische Herrschaft selbst anzueignen, ist ihm die andere Seite des Gottesbildes mehr und mehr entschwunden. Das ist der Gott der Güte, der Barmherzigkeit und der Liebe. Übrig geblieben ist eine Gutgläubigkeit ohne das

Gute, eine Unterwerfungsautomatik ohne Liebe, ein blinder Gehorsamszwang. In seiner verarmten Innenwelt ist dem Menschen der Orientierungsmaßstab verloren gegangen. Dem Gott der Macht konnte er sich anzugleichen versuchen. Den der Güte hat er verdrängt. Und diese Leerstelle kann dann ein herrschsüchtiger Demagoge mit außergewöhnlicher suggestiver Begabung besetzen.

Wie das Milgram-Experiment bewiesen hat, reicht zum Auslösen prompter Unterwerfung der bloße Anschein moralischer Autorität. Ist der vorhanden, lässt sich eine Mehrheit sogar leichtgläubig zum Foltern anderer anstiften. Bezeichnend ist, dass dem Sozialforscher Stanley Milgram trotz der überprüften Beweiskraft seiner Experimente über Gehorsams-Automatik die Anerkennung seiner hochbedeutenden Entdeckung versagt geblieben ist, als hätte er raffiniert herbeigeführt, was er entdeckt hat, als hätte er die Menschheit planmäßig demütigen wollen und nicht einer überaus gefährlichen Veranlagung überführt.

Die Empörung ist dennoch verständlich. Denn die Studie deckt eine Anfälligkeit auf, die in der Tat mit unserer moralischen Selbstachtung absolut unverträglich ist. Aber es hilft nicht, eine Wahrheit zu verleugnen, weil sie überaus beschämend ist. Verleugnung lässt die Anfälligkeit unangetastet. Auf diese jederzeit aufzupassen, ist uns auferlegt.

Wie Zygmunt Baumann festgestellt hat, waren die Hunderttausende, die beim Holocaust gehorsam mitgewirkt haben, keine Gewaltmenschen, sondern – nach allen psychologischen Untersuchungen – überwiegend durchschnittliche Individuen, die aus fehlendem Mitempfinden unmenschliche Befehle automatisch befolgt haben. Es ist die Auswirkung des Gotteskomplexes, dass die Humanität in vielen keine innere Instanz mehr hat, die unbedingt Bewährung fordert. An erster Stelle unserer Fortschrittsvision müsste die Wiedererweckung und Ausweitung des Mitfühlens stehen, sagt Richard Rorty zu Recht in seinem Buch *Hoffnung statt Erkenntnis*. Erst dann können wir uns auf uns selbst verlassen, ohne zu fürchten, irgendwann wieder in Hörigkeitsepidemien wie unter Stalin, Hitler oder Mao zu verfallen.

Gebundenheit und Mitverantwortung

Geschildert habe ich, wie ich als junger Psychoanalytiker allmählich gelernt habe, in den Symptomen meiner kindlichen und jugendlichen Patienten die Spuren der Eltern zu entdecken, die aus der Nazi-Hörigkeitsgesellschaft kamen und manches von erlittenen eigenen Deformierungen an die Kinder weitergaben. Diese wiederum brauchten Ermutigung, um trotz der Zumutungen seitens der Eltern ihren eigenen Weg zu finden und zu behaupten.

Als Teile der 68er Jugend mir signalisierten, dass sie sich mit ihren Schwierigkeiten in *Eltern, Kind und Neurose* wiederfanden und mich regelrecht einluden, an ihrer humanistischen sozialen Bewegung der siebziger Jahre teilzunehmen, erkannte ich unser gemeinsames Bedürfnis: Wie können wir uns und die Gesellschaft so emanzipatorisch verändern, dass repressive Beziehungsstrukturen überwindbar werden? Und umgekehrt: dass natürliche Bindungsbedürfnisse nicht wieder in Hörigkeit münden? Das wurde ein wichtiges Thema für die Erziehungsreformen der siebziger Jahre.

Ich freute mich über das Vertrauen, das ich als Ratgeber und Begleiter mancher sozialer Reformprojekte der siebziger Jahre erntete. Doch ein Teil von mir selbst war immer noch der seiner ermordeten Eltern beraubte Junge, dem Dostojewski mit seinem *Toten Hause* nicht aus dem Kopf ging. Ich war sehr glücklich mit Bergrun. Doch suchte ich, des ermordeten Vaters beraubt, im Innern weiter ein väterliches Vorbild. Und das war dann vornean Willy Brandt. Es tat mir wohl, dass er mich für meine unterstützende Analyse in der Guillaume-Affäre im *Spiegel* mit Anerkennung belohnte und mich weiterhin gelegentlich zu Gesprächen einlud. Ich empfand Dankbarkeit und zugleich Ermutigung. So, denke ich, sollten demokratische Führer aussehen, an denen man selbst wachsen kann, weil sie Mitverantwortung und nicht Unterwerfung erwarten, also eine Verbundenheit, die nicht in Hörigkeit ausläuft. Es sind offene Persönlichkeiten, die über ihre Ideen wirken, nicht durch entmündigende Herrschaftsmacht. Außer an mir habe ich an vielen anderen bemerkt, wie wir in dem Reformklima, das Brandt um sich verbreitete, uns selbst zum Mitdenken und zu kreativer Beteiligung anspornten.

Wir wollten ihm das Vertrauen, das er uns schenkte, durch eigene Verlässlichkeit zurückgeben. Diese Gegenseitigkeit, die im direkten zwischenmenschlichen Verhältnis zweier Personen beginnt, gibt Vertrauen, schafft Verlässlichkeit und wirkt durch Beziehungsstrukturen in den gesamten politischen Raum und die Gesellschaft. Sie war es, die der Politik Brandts und Gorbatschows ihre ausstrahlende Kraft verlieh.

Und dazu gehört, noch einmal sei es erwähnt, die große Geste Willy Brandts am Warschauer Getto-Mahnmal, mit der er diejenige geistige Führerschaft bewies, deren Ermangelung die neuzeitliche moralische Abstumpfung verschlimmert. Denn manche verübelten ihm diese Demonstration als Schwäche, als wäre es nicht eine Großtat zur Wiedergewinnung der verlorenen Selbstachtung und der Achtung in der Welt gewesen. Die Fähigkeit, Schuld anzunehmen und um Vergebung zu bitten, offenbart diejenige menschliche Stärke, die gerade hohe Führer vorleben sollten, um mit sich selbst im Reinen zu bleiben und mit solchem Beispiel erfolgreicher erzieherisch zu wirken als durch alle triumphalen Glanztaten.

Als das Deutsche Fernsehen kürzlich das Publikum

die angeblich bedeutendsten »Sternstunden« Deutschlands küren ließ, hätte ich mir gewünscht, Brandts Kniefall hätte mit zur Auswahl gestanden. Von den Überlebenden meiner Generation hätte es gewiss manch einer dem Fernsehsender gedankt.

Technik und Naturwissenschaft als Weltreligion? Meine Freundschaft mit Joseph Weizenbaum

Die Rede war davon, wie sich das Bedürfnis nach Verehrung und Anbetung in massenpsychologische Hörigkeit mit furchtbaren Folgen wandeln kann. Inzwischen beginnen wir aber auch zu verstehen, dass die intellektuelle Selbstbefreiung der Aufklärung in sich selbst eine undurchschaute Unterwerfung enthält. Die Naturwissenschaft gewinnt eine eigene Herrschaftsmacht, indem sie zu einer Art religiöser Huldigung auffordert. Dafür hat uns ein Pionier der Computer-Wissenschaft die Augen geöffnet, der Mitte der neunziger Jahre zu einem meiner wichtigsten letzten Freunde geworden ist. Es ist Joseph Weizenbaum.

Genau wie ich wurde er 1923 in Berlin geboren. Sein Vater war Kürschnermeister. 1936 emigrierte die jüdische Familie in die USA. Dort studierte Joseph Mathematik. Im Krieg diente er in der meteorologischen Abteilung der US-Luftwaffe, arbeitete danach im Computer Development Laboratorium von General Electrics, bis er 1963 an das Massachusetts Institute of Technology (MIT) überwechselte, wo er zum Professor für Computerwissenschaft aufstieg. Hier sah er, wie das Pentagon zum Hauptauftraggeber für militärische Forschungsprojekte in der Computerwissenschaft wurde. Ein erleuchtendes Schlüsselerlebnis schildert er so:

»Wir haben Waffen und Waffensysteme für den Vietnamkrieg am MIT erfunden, da kann ich lange Geschichten erzählen, grausame Sachen. Das MIT ist sehr eng mit dem Pentagon verbunden. Und damals, als jüdisch-deutscher Emigrant in Amerika, musste ich mich fragen, ob ich jetzt die Rolle spielen möchte, die ich so gehasst habe bei vielen, sogar bei den meisten deutschen Wissenschaftlern, Professoren, Akademikern in der Hitlerzeit. Diese Haltung, zu sagen: Ich bin Naturwissenschaftler, das ist mein Fach, und was mit meiner Sache gemacht wird, das geht mich nichts an. Ich bin kein Politiker. Dafür sind andere Leute verantwortlich. Ich habe mich in der Zeit des Vietnamkrieges und der Bürgerbefreiungsbewegung in den USA gefragt, ob ich jetzt die Rolle dieser deutschen Professoren spielen möchte oder nicht. Damals habe ich mich ganz klar und ganz explizit entschieden.«

Aber Weizenbaum hat nicht nur die Mitarbeit an fragwürdigen militärischen Projekten eingestellt, sondern ist seitdem engagiert als kritischer Aufklärer und beteiligt sich an Demonstrationen. »Dann kommen einige meiner Kollegen später zu mir, legen ihren Arm um meine Schulter und sagen: ›Das hast du gut gesagt, das musste gesagt werden. Ich freue mich, dass du es sagst.‹ Jetzt, wo es gesagt wurde, muss es nicht mehr gesagt werden. Das kann auch sein. Ich bin traurig darüber, dass mich so viele meiner Kollegen privat unterstützen, aber einfach nie an die Öffentlichkeit treten.«

Im Vietnamkrieg ging es darum, Minen zu erfinden, die nicht durch schwere Fahrzeuge, sondern durch Fußgänger zur Explosion gebracht wurden. Damals sickerten Tausende nordvietnamesischer Soldaten zu Fuß nach Südvietnam ein. Denen sollten die Minen die Beine abreißen, für Weizenbaum eine unerträgliche Vorstellung. Aber warum nicht für die Mehrzahl seiner Kollegen? Die standen offenbar so sehr im Bann ihrer wissenschaftlichen Aufgabe, dass ihnen die Ablenkung von der Sache mehr Skrupel bereitete als die Sache selbst. Absorbiert von dem technischen Problem war in ihnen kein Platz mehr für das Mitgefühl mit den verstümmelten Menschen.

Weizenbaum aber dachte weiter und fragte sich, ob die wissenschaftlich technische Revolution die Menschen nicht überhaupt in eine ohnmächtige Abhängigkeit versetze. »Die alltägliche Macht unserer Technologie verleiht den Priestern der Kirche, die das alles ermöglichen, eine fast grenzenlose Autorität und Glaubwürdigkeit.« Und: »Die Naturwissenschaft ist die heute nachhaltig vorherrschende Weltreligion.«

Weizenbaum hat damals prompt die Mitarbeit an allen militärischen Projekten eingestellt. Er blieb Professor am MIT, aber verlegte seinen Hauptwohnsitz wieder nach Berlin. Hier redete er als engagierter Aufklärer in Universitäten und Schulen. 1995 begegneten wir einander erstmalig im Berliner Hegel-Institut in einer Veranstaltung über den »Dialog«. Weizenbaum erläuterte anhand seines berühmten Computer-Programms *Eliza*, wie Menschen sich von einem programmierten Computer ähnlich verstanden fühlen können wie von einem Psychotherapeuten. Sie geben der Maschine intime Dinge von sich preis und geraten ihr gegenüber in eine ähnliche Hörigkeit wie die Probanden gegenüber dem Experimentator im Milgram-Versuch.

Obwohl Weizenbaum gelegentlich auch Spaß daran hat, Menschen hinters Licht zu führen, war es ihm bitter ernst damit, die Leute vor ihrer Selbstentmündigung durch die Computer-Technologie zu warnen. Er erschrak über die weltweite Berühmtheit, die ihm ausgerechnet der Scherz mit *Eliza* einbrachte. Denn manche, auch bekanntere Psychiater, erwogen ernsthaft, *Eliza* für ihre Therapie zu nutzen. In einem medizinischen Journal hieß es, das Programm sollte zwar noch etwas verfeinert werden, aber die Hoffnung bestehe, mit dem Computer demnächst viel Personal in psychotherapeutischen Kliniken einsparen zu können.

Mein psychoanalytischer Vortrag passte im Hegel-Institut zu Josephs Entlarvung der Computer-Gläubigkeit. Ich zeigte, wie schwer es oft sogar der geschulte Psychoanalytiker hat, einen Analysanden genau zu verstehen. Ich berichtete von einem eigenen Experiment, mit dem ich mich in meiner Zunft ähnlich unbeliebt machte wie Joseph mit *Eliza*. Acht Psychotherapeutinnen und -therapeuten verfolgen eineinhalbstündige, per Video übertragene Erstinterviews mit Patienten. Anschließend beschreiben die Therapeutinnen bzw. Therapeuten den jeweiligen Patienten psychologisch auf einem statistisch auswertbaren Testbogen. Das machten wir ein halbes Jahr lang. Resultat: Trotz vieler Übereinstimmungen neigte jeder der analytischen Beobachter zu einer für ihn selbst spezifischen Abweichung. Nachdem die acht sich mit dem gleichen Test selbst und gegenseitig diagnostiziert hatten, wurde uns ganz klar: Wie Therapeuten Patienten verstehen, hängt zumindest teilweise auch davon ab, wie sie sich selbst verstehen. Aber der Therapieverlauf ermöglicht es ja dem Therapeuten, seine Einfühlung zu vertiefen, und das kann der Computer natürlich nicht.

Was Joseph und mich näher zusammenbrachte, waren die Traumen unserer Biographien. Bei ihm war es die Diskriminierung, die zur Vertreibung führte. Bei mir war es die Ermordung meiner Eltern und das Verschulden, zuvor jahrelang – wie widerwillig auch immer – in einem Krieg mitgemacht zu haben, der schließlich meine Eltern unter furchtbaren Umständen das Leben kostete. Joseph nahm die Misshelligkeiten, die ihm aus seinem Protest gegen den Vietnamkrieg erwuchsen, in Kauf. Ich machte mir als einer der Wortführer der Friedensbewegung viele der konservativen Landsleute und zunächst auch die Spitzen der medizinischen Zunft zu Gegnern. Beiden fehlte es uns nicht an Gesinnungsfreunden, doch waren wir beide Außenseiter mit unserem politischen Engagement jenseits der traditionellen Pflichten des Lehrens und Forschens und in meinem Falle auch noch des Therapierens. Es war etwas in uns, das uns unwiderstehlich zu politischem Engagement trieb. Es waren der Ungeist und der Schrecken, die auf unterschiedliche Weise noch in uns steckten, und das Gefühl, die Mitverantwortung für einen allgemeinen Wandel zur Humanität zu tragen. Dabei kam es zu bezeichnenden Begegnungen wie der folgenden:

In einer hessischen Großstadt hatte mich die Schülervertretung einer Gesamtschule zu einer jährlichen Veranstaltung »Jugend und Zukunft« eingeladen. Über 400 Schülerinnen und Schüler, dazu ein Teil der Lehrerschaft, erwarteten mich in einer mäßig erleuchteten großen Aula. Aber in helles Licht getaucht war ein großes Plakat, das mich sofort anzog.

Ich las eine mir wohlbekannte Stelle aus Josephs Buch von 1976 *Computer Power and Human Reason* (zu Deutsch: *Die Macht der Computer und die Ohnmacht der Vernunft*):

»Die Rettung der Welt hängt nur von dem Individuum ab, dessen Welt sie ist. Zumindest muß jedes Individuum so handeln, als ob die gesamte Zukunft der Welt, der Menschheit selbst, von ihm abhänge. Alles andere ist ein Ausweichen aus der Verantwortung und selbst wieder eine enthumanisierende Kraft, denn alles andere bestärkt den einzelnen nur in seiner Vorstellung, lediglich eine Figur in einem Drama zu sein, das anonyme Mächte geschrieben haben, und sich als weniger als eine ganz Person anzusehen, und das ist der Anfang von Passivität und Ziellosigkeit.«

Es wurde ein langer Abend. Josephs Text gab mir Gelegenheit, etwas von unserer Freundschaft und davon zu erzählen, wie es mir als achtzehnjährigem Jungen ergangen war, als ich in Russland mit meinem Geschütz mitschießen musste auf Menschen, die von uns ahnungslos überfallen worden waren. Wie ich mich vor Stalingrad bei einem kleinen russischen Jungen mit Diphtherie angesteckt hatte, als seine Eltern mich um Hilfe gebeten hatten. Wie ich dann durch eine postdiphtherische Polyneuritis gerade noch dem Schicksal von 200 000 Kameraden entging, die im Kessel von Stalingrad fast vollständig untergingen. Dann hören die Schülerinnen und Schüler von mir, warum ich trotz oder gerade wegen des Schrecklichen, das meinen Eltern nach Kriegsende von Russen widerfahren war, für die Aussöhnung mit den Russen aktiv geworden bin. Und dass es mir Hoffnung macht, wie freundschaftlich inzwischen russische und deutsche Studenten übereinander denken, was unsere große vergleichende Befragung ergeben hat.

Wenn Weizenbaum von der Verantwortung des Einzelnen für das Ganze der Welt spricht, so hat er nicht das isolierte, sondern das in der Gemeinschaft wirkende Individuum vor Augen. In seinem später verfassten Vermächtnis heißt es: »Kein Mensch ist eine Insel. Seine Haut ist nicht seine Grenze. Der Mensch ist ein Element, unteilbar von seinen Mitmenschen, von der Gesamtheit und der Geschichte. Nicht einmal sein Tod trennt ihn vom Universum.« Damit kommt er der Feststellung Schopenhauers nahe: »Mein wahres inneres Wesen existiert in jedem Lebenden so unmittelbar, wie es in meinem Selbstbewußtsein sich nur mir selber kund gibt.«

Aber bereits Schopenhauer erkannte als Voraussetzung dieses Gleichklanges des Einzelnen mit den Mitmenschen eine Grundeinstellung des Vertrauens – im Gegensatz zu einer Grundhaltung des Argwohns. Der Mensch des Vertrauens, von Schopenhauer als »der gute Mensch« bezeichnet, »fühlt sich allen Wesen im Innern verwandt, nimmt unmittelbar Teil an ihrem Wohl und Wehe und setzt mit Zuversicht dieselbe Teilnahme bei ihnen voraus. Hieraus erwächst der tiefe Frieden seines Innern« usw.

Mit Joseph Weizenbaum verbindet mich die Sorge, dass dieses Gemeinschaftsbewusstsein zu schwinden droht, seit der westliche Mensch seinen religiösen Halt durch den Glauben an seine scheinbar unbegrenzbare technische Herrschaftsmacht zu ersetzen versucht. Inzwischen stützt er seine Zuversicht auf die künstliche Intelligenz, als enthielte diese eine moralische Bindungskraft. Aber die Menschheit fällt auseinander ohne die Gefühle, die keine Maschine ersetzen kann – ohne Verantwortungsgefühl, ohne mitmenschliches Vertrauen, ohne soziales Empfinden, ohne Gewissen, ohne Seele.

In mir hat Joseph einen Partner getroffen, der von ganz anderer Sicht aus zum gleichen Resultat wie er gelangt ist. Auch Freud hing an der Vision, der Ersatz des Glaubens durch Wissen garantiere den Fortschritt, als er noch vor dem Bau der Atombombe erkannte, dass der

Fortschritt des Wissens zur Aneignung von Mitteln zur Selbstzerstörung der Menschheit zu führen droht. Da sah er nur die Hoffnung, dass »der ewige Eros« eine Anstrengung machen werde, sich gegen die Macht der Destruktivität zu behaupten. In mythologisierender Sprache heißt das: Hoffentlich ist in den Menschen noch genügend Liebe geblieben, um in ihnen eine unentbehrliche Friedfertigkeit zu erhalten.

Ich begleitete, wie geschildert, den Aufbruch einer kritischen Nachkriegsjugend, die in den siebziger Jahren zur Unterstützung der Armen, der Ausgegrenzten, der Behinderten, aber auch der Gefangenen und Notleidenden bei uns und in der Dritten Welt aufbrach. Diese Jugend nannte das nicht Liebe. Aber es *war* Liebe, zwar mit Kampf verbunden, aber im Sinne von Willy Brandts »Compassion«, ein Kampf des »Dafür«, für Solidarität. Diese Art des Kampfes einte Joseph und mich in unserer Aufklärungsarbeit und dem Engagement in der Friedensbewegung.

2002 trafen wir beide uns als Mitwirkende auf einem internationalen Psychotherapie-Kongress in Basel mit dem Thema »Vom Ich zum Wir«. Er hörte mir zu, als ich erläuterte, wie sich in der Psychoanalyse eine Erweiterung des individualistischen Menschenbildes Freuds zu dem Menschenbild sozialer Offenheit vollziehe, wie es Norbert Elias beschrieben hat. Für Elias spielt sich das Seelenleben nicht abgekapselt im Innern des Einzelnen ab, sondern in einem Geflecht von Persönlichkeiten, »die Zeit ihres Lebens auf andere Menschen ausgerichtet und auf andere Menschen angewiesen, von anderen abhängig sind.«

Die soziale Reformbewegung der siebziger und die Friedensbewegung der achtziger Jahre hatten dies verstanden. Es existierte ein Bewusstsein, das Joseph beschrieben hat: Ich bin für das Ganze mitverantwortlich. So kam ich zum Beispiel, wie geschildert, zu Brandt und Gorbatschow und lernte, im Sinne von Josephs Appell, Verantwortlichkeit für das Ganze zu fühlen, wenn ich als Beauftragter der ärztlichen Friedensbewegung durch die Lande zog. Die Kraft dazu kam auch aus dem Trotz, den ich mit vielen meiner Generation teilte: Nie wieder wollen wir stillhalten, wenn Unverantwortliches um uns herum geschieht. Darin zählt Joseph mit seinem Protest gegen den Tretminen-Bau zu meinen Vorbildern.

Oktober 2002. Drei Tage sind Bergrun und ich als »Paten« von Joseph mit diesem zusammen nach Prag vom tschechischen Staatspräsidenten Václav Havel und seiner Frau Dagmar eingeladen. Eine Staatskarosse bringt uns von Gießen nach Prag, wo Joseph den Preis einer Stiftung empfängt, die Václav Havel und seine Frau gegründet haben. Zwei Tage verbringen wir zusammen mit diesem wunderbaren Präsidenten, der unter den Kommunisten Publikations- und Aufführungsverbot für seine Dramen erlebt hatte. Seine Stücke hatten die Sinnentleerung menschlicher Beziehungen in einer mechanischen Gesellschaft aufgedeckt. Mehrfach hatte man ihn als einen Sprecher der Charta 77 ins Gefängnis gesteckt. Ein bescheidener, überaus eindrucksvoller Mann. Zusammen mit ihm schlendern wir durch die Straßen der Stadt und besuchen die Burg. Feierliche Preisverleihung für Joseph. Dann am Runden Tisch ein Gespräch über den »Mythos der Computer«, an dem außer mir auch der andere »Pate«, der Pädagoge Hartmut von Hentig teilnimmt. Ich selbst steuere eine kurze Analyse der gefährlichen Illusion bei, dass die computervermittelte Kommunikation den Schwund der persönlichen Nähe Auge in Auge kompensieren könne. Eigentlich ist aber alles bereits in einem wunderbaren Brief gesagt, den Havel an Olga geschrieben hatte:

»Nur durch das ›Du‹ (am Anfang ist dieses ›Du‹ naturgemäß die Mutter), nur durch das ›Wir‹ kann das ›Ich‹ wirklich es selbst werden – in den Augen des anderen erscheint es zuerst dem Blick ›von außen‹ und liest zum ersten Mal ›die Stimme des Seins‹. Im Angesicht der Existenz des Nächsten erfährt es zum ersten Mal seine ursprüngliche ›Verantwortung für alles‹ und wird zu dem besonderen Geschöpf, das imstande ist, mit einem Wesen zu fühlen, das ihm völlig fremd ist.«

Es sind fast die gleichen Worte, die Martin Buber in seinem Buch *Ich und Du* verwendet: »Am Anfang ist die Beziehung.« »Ich werde am Du.« »Vor der Unmittelbarkeit der Beziehung wird alles Mittelbare unerheblich.«

In den Prager Gesprächen mit Havel und Joseph geht es im Kern um das Eine: Die Welt kann nur human sein, wenn wir einander ins Antlitz schauen und dabei die Verantwortung für einander und für das Ganze spüren. Die Entleerung der Beziehung ist der Anfang von Dehumanisierung in der Massengesellschaft. Ich staune: Da ist ein Politiker in höchster Verantwortung, ein Mensch der Offenheit, hoch sensibel, gerade dadurch von einer fesselnden Eindringlichkeit und Überzeugungskraft. Es ist, als hätten sich die Tschechen diesen Mann wohlbedacht zur Reinigung von der Verdorbenheit ihres kommunistischen Zwangssystems für ein Amt auserkoren, das dieser nie angestrebt hatte. Man hatte ihn überreden müssen. Ich merke, es tut ihm wohl, in kleinem Kreis darüber zu philosophieren, was der Mensch im digitalisierten Zeitalter gewinnt, aber was

Besuch in Prag bei Václav Havel mit Joseph Weizenbaum 2002

er dabei auch unmerklich einbüßt. Und dazu passt dieser Joseph Weizenbaum, der einerseits den Menschen durch die Entwicklung des Computers als einer Art von technischer Prothese geholfen, jedoch sogleich die gefährliche Hörigkeitsbindung an diese Prothese durchschaut hat, die bis zur Selbstentfremdung führen kann.

Die Erfinder computergesteuerter Tretminen, die Menschen die Beine abreißen, feiern mit ihrer Leistung ahnungslos den eigenen Absturz in die Unmenschlichkeit. Inzwischen haben sie sich mit den stolzen Erfindern anderer computergesteuerter Mordwaffen vereint, die zum Beispiel Raketen Sehkraft verliehen haben. Das pflanzt sich fort. So entsteht eine neue Spezies, in der jene von Havel und Weizenbaum gemeinte humane Beziehungsfähigkeit erlischt. Ich denke dabei auch immer wieder an die Verzweiflung Sacharows, Miterfinder der Wasserstoffbombe. »Wir können nicht Menschen bleiben, wenn wir diese Bedrohung nicht abschaffen.« Ähnlich quält Weizenbaum der Missbrauch der Com-

...nik für den »militärischen Wahnsinn«, den ...angern er nicht müde wird.

...e Frage, ob die Humanität wieder erstarken oder ...ter abnehmen wird, entscheidet sich in unserer in... ...eren Welt, und zwar nicht zuerst durch Verabscheuen des Verwerflichen, sondern vornehmlich durch die Kräfte des Mitfühlens und der Liebe. In seiner berühmten Rede über die »seelische Krankheit Friedlosigkeit« sagte der Atomphysiker Weizsäcker:

»Eines inneren Friedens fähig werden wir nicht durch unser Verdienst, sondern weil wir geliebt sind und weil wir darum Gott und in Gott die Menschen lieben dürfen.«

Was Weizsäcker ausspricht, geht uns heute nicht mehr leicht über die Lippen. Demut ist ein Fremdwort geworden. Der Computer kann sogar zu einem »intellektuellen Mordinstrument« werden. Und die Schule kann durch eine falsche Erziehung dazu beitragen. Wie? Hierüber schrieb mir Joseph Weizenbaum in einem Brief:

»Die Frage, ob der Computer in die Schule gehört oder nicht, kann nicht vernünftig beantwortet werden, solange die Prioritäten der Schule nicht deutlich bestimmt sind. Doch in den meisten Schulgemeinschaften werden diese Prioritäten noch nicht einmal diskutiert. Die Politik steht – unter anderem wegen Pisa – unter dem Druck, den Schulunterricht zu ›verbessern‹ und reagiert mit dem Schrei: ›Etwas muss geschehen!‹. Dieses ›Etwas‹ ist dann die Einführung des Computers im Klassenzimmer. Ich frage jedoch: Was ist denn die höchste Priorität der Schule? Und handelt die Schule entsprechend? Die allerhöchste Priorität der Schule muss sein, den Kindern ihre eigene Sprache beizubringen, so dass sie sich klar und deutlich artikulieren können – sowohl mündlich als schriftlich. Menschen, die diese Fähigkeit besitzen, können auch kritisch lesen und hören. Sie sind in der Lage, die Signale, die sie erreichen, kritisch zu interpretieren. Menschen, die das hingegen nicht können, sind leichte Beute für jede Form der Propaganda und Irreführung. Ich bin überzeugt, dass die meisten Schulen in den industrialisierten Ländern ihre Aufgaben in diesem Sinne nicht erfüllen und zum großen Teil eine Jugend erziehen, die nicht kritisch denken kann. Sie ist dazu verurteilt, in ihrer zukünftigen Arbeit ihre Maschinen sklavisch zu bedienen und ihre Freizeit mit dem Saugen an den Brüsten der Vergnügungsindustrie zu verschwenden. Computer in den Händen von Kindern, die noch nicht die Reife haben, Relevantes von Entertainment zu unterscheiden, denen ein blinder Glauben in das, was der Computer – zum Beispiel Google – ihnen ›sagt‹, eingeprägt ist, die glauben, dass Lesen eine bloße Sammlung von ›Fakten‹ bedeutet und eine Geschichte zu verstehen lediglich heißt, sagen zu können, was in der Geschichte passiert – kurz: ein Instrument, so angewendet, ist ein *intellektuelles Mordinstrument*. Und so ist der Computer meistens eingeordnet in einer Kultur, die versucht, Education, also Erziehung, durch Edutainment zu ersetzen. Dort, wo der Schulhaushalt für die Bibliothek gestrichen wird, um den Computereinsatz zu finanzieren, ist die Zukunft der Schüler ernsthaft gefährdet.«

Fortan erlebe ich den Freund verschiedentlich noch als Mitstreiter in der Friedensbewegung, in einem TV-Gespräch und bei privaten Treffen. September 2007 sagt ihm der Arzt, dass er mit einem unheilbaren Krebs nur noch wenige Monate zu leben haben werde. Darauf unternimmt er noch eine Seereise auf einem Frachter in den Norden, redet in zwei Schulen und nimmt aktiv an dem Weltwirtschaftsforum in Davos teil. Auch seinen letzten großen Wunsch kann er sich erfüllen: seinen 85. Geburtstag mit Angehörigen und Freunden in geistiger Frische zu feiern. Wenige Tage danach stirbt er. In meiner Trauerrede im jüdischen Gemeindezentrum Berlin lese ich die Schlussworte aus einem Vermächtnis vor, das er seinen engsten Vertrauten hinterlassen hat: »Gott gibt es, denn Gott ist Liebe, und Liebe ist in uns allen. Das Gebet ist die Suche eines Menschen, seine innere Liebe zu finden.«

Mit Joseph habe ich den letzten engen Freund meiner Altersgruppe verloren. Er war mir, neben unserer persönlichen Verbundenheit, außerordentlich wichtig als kritischer Repräsentant der technischen Revolution, der dieser unbeirrbar die Bedürfnisse der seelischen Innenwelt entgegenhielt, die nach wie vor das Maß für unser humanes Weiterleben setzen muss. So hatte uns einst sein *Eliza*-Projekt zusammengeführt: Die Maschine kann niemals den Menschen verstehen. Und der Mensch kann in der Maschine nicht finden, wozu er da ist, wofür er Verantwortung trägt, was ihn mit dem anderen Leben verbindet.

Joseph war neugierig zu erfahren, was die Psychoanalyse von der Innenwelt versteht. Und der Psychoanalytiker musste bekennen, dass er erst im Begriff ist, die Wissenschaft vom Unbewussten vom »Ich« auf das »Wir« auszudehnen, um zum Beispiel die selbstverursachten Krisen in der Klimavorsorge und im Weltfinanzsystem besser zu begreifen.

Aber beiden war uns jederzeit klar, dass wir Erkennen und verantwortliches Engagement verbinden müssen. Erst durch kritische Einmischung haben wir erfahren, wozu wir in einer Zeit anstehenden großen Wandels da sind.

Wandel, das heißt zum Beispiel für Männer und Frauen, umzulernen und zu erkennen, dass die Selbstverwirklichung im eigenen Geschlecht übergehen muss in eine neue gemeinsame Selbstverwirklichung. Wir müssen uns selbst zusammen mit unseren Kindern verändern und diesen, anstatt sie an die falschen Verhältnisse optimal anzupassen, genügend Freiraum für kreative Ideen und Visionen belassen, damit sie die Welt, die bald ihre Welt sein wird, gesünder machen.

Gesünder bedeutet, den Gedanken von Carl Friedrich von Weizsäcker aufzugreifen, dass wir es bei der Unfriedlichkeit in der heutigen Gesellschaft mit einer Art von psychischer Krankheit zu tun haben, die dem moralischen Versagen zugrunde liegt. In der Tat kann man es nur krankhaft nennen, wenn in einer Gesellschaft die Widerstandskraft gegen selbstschädigende Impulse abhanden kommt. Freud ist auf die Annahme eines natürlichen Todestriebes verfallen, den er biologisch begründet hat. Dagegen erscheint mir sinnvoller, die im *Gotteskomplex* vorgetragenen Gedanken aufzugreifen. Diese können uns lehren, dass der neuzeitliche Pessimismus in der heimlichen Verzweiflung darüber begründet ist, dass wir mit der an den technischen Fortschritt geknüpften Egomanie endgültig gescheitert sind. Wir befinden uns in einem Moment, da die historisch erprobte Flucht aus dem Leiden durch Besiegen des Bösen nicht mehr gelingt. Die Abreaktion an dem letzten – in Wahrheit künstlich aufgeblasenen – Weltfeind Saddam Hussein bedeutete nur den Aufschub einer unumgänglichen totalen Revision des Selbstverständnisses.

Ein Zeitalter der Empathie durch technische Vernetzung?

Das neue große Buch des amerikanischen »Vordenkers« Jeremy Rifkin, Berater verschiedener Regierungen, angeblich auch der deutschen Kanzlerin, heißt: *Die empathische Zivilisation*. Ein ermutigender Titel. Jedenfalls ist mir Rifkin darin voraus, dass er das Zeitalter der Empathie bereits als »Triumph der menschlichen Evolution« anbrechen sieht. »Wir sind drauf und dran«, schwärmt er, »die Begriffe des ›Anderen‹, des ›Fremden‹, des ›Unbekannten‹ hinter uns zu lassen.« Nach Rifkin durchläuft das menschliche Bewusstsein aufeinander folgende Phasen einer »Evolution«, die er als mythologisch, ideologisch, psychologisch, dramaturgisch benennt. »Bisher«, so entdeckt er, »erlangte die empathische Sensibilität bei jeder Umstellung auf eine neue Phase neue Höhen«. Also scheint es so weiterzugehen. Die Empathie wäre demnach auf einem unaufhaltsamen Vormarsch.

Diese kühne Deutung entnimmt Rifkin seiner Geschichte des menschlichen Bewusstseins, die er nirgends zu den politischen Geschehnissen in Bezug setzt. Es fallen keine Namen von politischen Akteuren, nur die von Wissenschaftlern. Von Darwin etwa, der die Evolution zur Empathie hin schon vorausgesehen habe, aber seiner Zeit gemäß noch von Sympathie statt Empathie gesprochen habe.

Rifkins optimistische Empathie-Erwartung erinnert mich an Freud, der 1932 in seinem Briefwechsel mit Einstein in der Kulturentwicklung ebenfalls einen organischen Prozess zu erkennen glaubte. Freud hatte ein Erstarken des Intellekts, der das Triebleben zu beherrschen beginne, vorausgesagt. Vielleicht sei dieser Prozess mit der Domestikation verschiedener Tierarten vergleichbar. Jedenfalls meinte Freud, der Einfluss der kulturellen Einstellung und die Angst vor den Folgen eines Zukunftskrieges könnten vielleicht dem Kriegführen in absehbarer Zeit ein Ende setzen. Das sei möglicherweise keine utopische Hoffnung. Aber er blieb sehr vorsichtig. Als ihm 1930 klar geworden war, dass dem Menschen bald Zerstörungsmittel zur Verfügung stehen würden, mit denen er sein Geschlecht vollständig ausrotten könnte, ließ er offen, ob der Eros – der Begriff Empathie war noch nicht in Gebrauch – oder die Destruktivität die Oberhand gewinnen würde. Tatsächlich folgten statt Empathie Naziterror und Holocaust und später der Kalte Krieg am Rande atomarer Vernichtung.

Rifkin verbindet sein Konzept wesentlich mit den rasenden Fortschritten der Kommunikationstechnologie. Im Hauptteil seines Buches erweckt er den Eindruck, als werde die Empathie mit der technischen Kommunikation gleich mitgeliefert. Da schwärmt er: »Die sich mit Hilfe des Internets und anderer Kommunikationstechnologien beschleunigende Verbindung gleichsam aller zentralen Nervensysteme schleudert uns in den globalen Raum und in ein neues gleichzeitiges Zeitfeld.« Erregt dieser Satz allein schon Schwindel, so erst recht die Vorstellung von der Vernetzung aller Zentralnervensysteme im Globus. Was kann dieses Geschleudert-Werden in der Innenwelt denn anderes bewirken als oberflächliche Berührungen statt innerer Verarbeitung?

Der von Rifkin viel zitierte Psychologe Kenneth Gergen erklärt: Das alte Lebensmotto des Descartes gilt nicht mehr, nämlich: »Ich denke, also bin ich.« Neuerdings müsse es heißen: »Ich bin vernetzt, also bin ich.« Entsprechend stellt Jean Baudrillard fest: »Wir existieren nicht mehr als Subjekt, sondern als ›Terminals‹ multipler Netzwerke.« Aber wo bleibt da das Ich, das sich einfühlt, das in der Einfühlung selbst im ganz Fremden entdeckt: Das bin ja ich! Übrigens war es vor eineinhalb Jahrhunderten bereits Schopenhauer, der erkannte: »Das Mitleid ganz allein ist die wirkliche Basis aller freien Gerechtigkeit und der echten Menschenliebe.«

Am Ende seines Buches trifft sich Rifkin jedoch fast mit meinem Freund Weizenbaum, wenn er eingesteht: »Bei der Jugend, die vor dem Bildschirm aufwächst, schrumpft der Wortschatz und damit Hand in Hand die Lesefähigkeit und die Fähigkeit zur Kommunikation.« »Die Entwicklung ist beunruhigend. In allen früheren Kommunikationsrevolutionen der Geschichte hat sich der Wortschatz vergrößert, was komplexere Gedankengänge ermöglichte und die Ausweitung der Empathie schon deshalb förderte, weil die Menschen ihre Gefühle, Absichten und Erwartungen besser ausdrücken konnten.«

Kommt den Menschen aber die Sprache dafür abhanden, was sie für und miteinander fühlen, - wie soll dann mehr Empathie wachsen? Und wie können sie mehr echte Nähe entwickeln, die ihnen die Verantwortung für einander und für die Zukunft klar macht, wenn sie ihre realen Beziehungen nicht hinreichend vor der Überschwemmung aus der virtuellen Welt schützen?

Psychische Korruption, das Klimaproblem und die Verdrängung der Zukunft

Heimliche Verzweiflung erleben wir in der typischen Reaktion der Moderne. Die Leute leiden tatsächlich, aber stumm. Sie suchen panisch nach Mitteln, ihre innere Katastrophe zu verleugnen. Die Pharma-Industrie verspricht alles per *Apotheken-Rundschau*. Die Chirurgie operiert das Hässliche weg. Diäten entfernen alles, was falsch ist, aus dem Körper. Verhaltenstherapie korrigiert gestörtes Verhalten. Esoterische Trainings entführen in diverse Erlösungsträume. Zudeckende Psychotherapien haben Konjunktur. Der Leidensweg gründlicher Analyse macht vielen zu viel Angst. Denn echtes Leiden ist im Zeitgeist der Kultur des Gotteskomplexes nicht mehr vorgesehen. Es ist stigmatisiert als Versagen, Schwäche, Niederlage. So wurde die Hoffnung auf die Klimakonferenz in Kopenhagen fast klaglos zu Grabe getragen. Es gab keinen Aufruhr. Die zigtausend zum Protestieren Angereisten wirkten wie ein hilfloses Spalier. Die Wut blieb sprachlos. Die vom TV gezeigten Transparente bildeten die übliche Dekoration. Verglichen mit der Aufregung um die Acht auf dem Gipfel von Heiligendamm lag über Kopenhagen mit den über 190 versammelten Regierungschefs der Schleier trister Lähmung. Es war die Lethargie einer hilflosen Resignation und Ratlosigkeit.

Eingetreten ist ein Elend, das sich aber nicht mehr ausdrücken kann. Ich erinnere mich: Als ich einst nach Rückkehr aus Gefangenschaft dastand, physisch und moralisch ganz unten, keine Familie, kein Zuhause, da habe ich mir – wie mir erst später klar wurde – eine philosophische Doktorarbeit über Schmerz und Leiden ausgesucht, um selbst wieder eine Sprache dafür zu finden, was in mir war. Erst die Sprache hat mir geholfen, mich wieder aufzurichten.

So ähnlich sieht es jetzt etwa in der gemeinsamen Innenwelt aus. Es wäre ja schön, wenn Sloterdijk Recht hätte mit seiner Annahme, dass uns eine Art Renaissance bevorstehe, ein »Zeitalter der multipolaren Ingenieursintelligenz vom Typ Buckminster Fuller«. Sloterdijk sagt: »Die Menschheit sitzt auf einem Berg an Lösungen, doch es fehlt noch an hinreichend motivierten Anwendern, die den Berg abtragen, indem sie die Intelligenzreserven in die tägliche Praxis überführen.« (Interview am 21.12.2009 in der SZ).

Doch die Motivation ist ja das Problem. Es ist nicht lange her, als ich genau wie Sloterdijk erlebte, wie Andrea Ypsilanti im Land Hessen dicht davor war, eine humanistische Politik mit einer radikalen Ökowende zusammen mit Hermann Scheer einzuleiten. Das Wahlvolk strömte ihr zu. Doch der Machtblock der Energiekonzerne zerstörte mit Hilfe der eigenen Parteispitze in Berlin die Hoffnung. Das Brodeln an der Basis zeigte immerhin: Energien für einen großen Umschwung stauen sich im Untergrund an. Doch noch fehlt das Einvernehmen zum großen Durchbruch, vor allem der Mut zum Kämpfen.

30 Jahre hat die Klimaforschung getrommelt. Immer wieder haben sich ihre unerfreulichen Voraussagen aus der Studie *Global 2000* bestätigt. Was sagt sie zu dem Desaster von Kopenhagen? Die *Süddeutsche Zeitung* befragt Prof. Hans-Joachim Schellnhuber, Leiter des

Potsdam-Instituts für Klimafolgenforschung. Ihn deprimieren der Zustand der Welt und die Zukunftsaussichten, wenn er an seinen kleinen Sohn denkt. Ob der Klimaforschung nicht neben der Naturwissenschaft ein entscheidendes Element fehle, nämlich die Psychologie, wird er vom Interviewer gefragt.

Schellnhuber: »Ja wahrscheinlich. Wir Naturwissenschaftler denken: Wenn die Beweislage für die Klimafolgen bedrückend ist, sinkt die Einsicht tief genug in die politische Diskussion ein. Aber offenbar fehlt da noch etwas. Tatsächlich ist die Klimadiskussion von der Gesellschaftswissenschaft und der Psychologie kaum begleitet worden. Die Mittel, die diesen Taschen zufließen, betragen vielleicht ein Zehntausendstel dessen, was die Naturwissenschaftler bekommen.«

Das ist in der Tat so. Nur hat dies einen simplen Grund. Die Macht geschäftlicher Interessen steht der Finanzierung solcher Psychologie und Sozialwissenschaft im Wege, die unwillkommene Erkenntnisse zu Tage fördern. Betrüblicherweise muss indessen eingestanden werden, dass innerhalb der zu kritischer Einmischung berufenen Psychologie und Sozialwissenschaft Anpassungsprozesse stattfinden, die von innen her Aufklärung verhindern. Es fließt durchaus Geld, aber oft mit Bedacht an gefällige Forscher. Dafür gibt es ein ebenso schlagendes wie peinliches Beispiel, nämlich die jahrzehntelange Verschleierung der Zigaretten-Krebsgefahr unter Mithilfe williger Wissenschaftler.

Es ist fast genau ein halbes Jahrhundert her, dass eine große amerikanische Untersuchung den Zusammenhang von Zigarettenkonsum und Lungenkrebs definitiv erwies. Ein Kollege und ich berichteten darüber sofort ausführlich im deutschen Rundfunk. Prompt landete in der Intendanz die Androhung eines Tabakkonzerns ei-

ner Schadensersatzforderung in vielfacher Millionen-
höhe. Wir wiederholten zwar beide nach kurzer Zeit
unsere Warnung. Aber bald meldeten industriefreund-
liche Forscher und Institute Entwarnung. Bestätigun-
gen und Widerlegungen der Krebstheorie hielten sich
die Waage. Man wusste nicht mehr, wem man glauben
sollte, am liebsten immer noch der Reklame der Kon-
zerne. Neuerdings wissen wir aus zwangsweise ins Internet gestellten Unterlagen, dass die Industrie tief in
den Kern der Institutionen eingedrungen ist, denen
speziell die Erkundung und die Abwehr der Krebsge-
fährdung durch Rauchen obliegen. Im *Spiegel* (Nr.
23/06.05) konnte man lesen: »Deutsche Gesundheits-
wissenschaftler ließen sich viele Forschungsarbeiten,
zumeist indirekt über Stiftungen, von der Tabakindustrie finanzieren – oft klammheimlich und oft mit Beiträgen in sechsstelliger Höhe. Die Resultate waren entsprechend. In ihren Veröffentlichungen verharmlosten
die Forscher die Gefahren des Rauchens, sie beschönig-
ten das Suchtpotential der Zigaretten oder spielten eine
dubiose Rolle bei der Zulassung von Zusatzstoffen in
Tabakprodukten.« Die Ergebnisse einer weiteren Studie vom November 2005 hat Udo Ludwig zusammen-
gefasst. Danach haben mindestens 80 Klinikprofessoren
Gelder von der Tabakindustrie angenommen, vor allem
Internisten, Toxikologen, Lungenfachärzte. Sie wurden, laut Ludwig, »im Nebenjob Teil der Geschäfts-
strategie der Zigarettenkonzerne«. Genannt wurden
die Namen prominenter Wissenschaftler.

Ich habe darüber auf dem 3. Kongress »Medizin und
Gewissen 2006« in Nürnberg geredet und eine Diskussion anstoßen wollen. Doch gleich kam die Angst auf,
dem Ruf des Standes durch Bereden der Angelegenheit
zu schaden – obwohl Verschweigen das Misstrauen, das

man verhindern will, eher nährt. Die Kungelei mit der Zigaretten-Industrie ist nur ein Spezialfall, der durch das Internet bekannt geworden ist. Wir wissen ja nicht, wer wo willig mitgemacht hat, das Klimaproblem immer wieder zu vertuschen oder herunterzuspielen. Unbequem macht sich jedenfalls, wer unentwegt die verheerenden Langzeitfolgen immer wieder aufgeschobener Handlungsentscheidungen anschaulich ausmalt. Bezeichnend ist, dass der Klimafolgenforscher Prof. Schellnhuber nach dem Debakel von Kopenhagen zuerst an seinen einen kleinen Sohn gedacht hat.

Dies ist überhaupt eine vielfach versäumte Chance, die Menschen aufzurütteln. Sie brauchen konkrete Vorstellungen, wie die Welt aussieht, die wir unserem Nachwuchs in 50 oder 100 Jahren oder noch danach hinterlassen werden. Sie müssten die Völkerwanderungen aus den überschwemmten Küstenregionen und den Dürregebieten ohne Trinkwasser leibhaftig vor sich sehen und die Bilder von Gewalt in sich aufsteigen lassen, die nicht ausbleiben kann, wenn Millionen Armutsflüchtlinge in die noch relativ verschonten Wohlstandsregionen eindringen werden.

Zukunft, das sind die Kinder

Woher kommt der Geburtenrückgang? Weil die Verhältnisse immer schwieriger werden? Oder weil wir uns selbst nicht mehr zutrauen, den Kindern eine lebenswerte Zukunft zu hinterlassen? Sind wir zu egoistisch geworden und brauchen keine Kinder mehr, um uns wohlzufühlen? Die Politik tut manches, damit für Kinder mehr Geld und mehr Betreuung da ist. Aber das hat den Geburtenrückgang nicht gestoppt.

Warum bleiben vor allem höher gebildete Frauen häufig gewollt kinderlos? Man kann auf die dramatische Rollenverschiebung zwischen den Geschlechtern hinweisen, die den Frauen fast schlagartig höhere Verantwortung für die Gestaltung der Welt zugewiesen hat. Wie aus grauer Vorzeit erscheint, was Freud noch 1930 über das Geschlechterverhältnis geschrieben hatte: Die Frauen, weil weniger sublimationsfähig, blieben für Familie und Sexualleben zuständig, während den höher sublimationsbegabten Männern der Vorrang in der Kulturarbeit gebühre. So war es noch klipp und klar in *Das Unbehagen in der Kultur*, erschienen 1930, zu lesen. Inzwischen haben die Frauen das Vorurteil ihrer Sublimationsschwäche so gründlich wie nur denkbar widerlegt. Darüber hinaus ist klar geworden: Nur wenn sie ihre traditionelle weibliche Wertewelt der Menschlichkeit gemeinsam mit den Männern mehr in die Gestaltung der Gesellschaft einbringen, kann die Gesellschaft freundlicher und sensibler werden. Dafür aber müssen sie allerdings erst einmal ebenbürtig so weit in Führungspositionen aufsteigen, dass sie hinreichend mitbestimmen können, wohin es langgehen soll. Das mag ihnen vorübergehend das Kinderkriegen erschweren.

Aber es geht ja auch anders: Wenn die Männer nämlich mehr tun, um die Frauen in Haus und in Kindererziehung zu entlasten. Doch das alles lässt sich nicht beschließen. Es kann nur von innen kommen, aber es muss bald kommen.

Die Sorge bleibt dennoch, dass es in einer tiefen psychischen Schicht an optimistischer Zuversicht mangelt, weswegen zum Beispiel der jüngste Welt-Klimagipfel so blamabel gescheitert ist. Da sah man keinen Schimmer von Verantwortung für die Kinder der Zukunft, auch nicht für die Kinder von heute. Denn in deren Köpfe geht ja ein, wie wir heute sind. Das war mein Forschungsthema über fast 60 Jahre. Nur mit der sozialen Verantwortung, die wir ihnen *jetzt* vorleben, können wir sie widerstandsfähig gegen die psychische Korruption machen, die sich in der desaströsen Klimapolitik und in den sonstigen aktuellen Krisen auswirkt. Das sage ich den Lehrerinnen und Lehrern immer wieder: So wie Sie heute sind, so wie die Kinder Sie als Menschen in Ihrer Zuwendung oder Gleichgültigkeit, Ihrer Verlässlichkeit oder Unverlässlichkeit erleben, stärken oder schwächen sie in den Kindern das notwendige Selbstvertrauen, um die Zukunft zu bestehen.

Als Familientherapeut habe ich hundertfach studiert, wie Kinder nicht nur erzogen werden, sondern ihre Eltern miterziehen, denn die lernen dadurch, wie sich ihr Verhalten in den Kindern widerspiegelt, manches darüber, was sie bisher von sich nicht wussten. Gewollte Kinderlosigkeit bewirkt oft, dass Menschen sich narzisstisch verwöhnen, als wären sie ihre eigenen Kinder. Sie werden nie vollständig, wenn sie sich nicht an Kindern bewähren müssen. Richtig ist wohl, dass Ausbildung und Berufsarbeit oder Sorge vor Arbeitsverlust den Kinderwunsch blockieren können. Aber manche

Entschuldigungen sind auch vorgeschoben.

Bergrun und mir kommt manchmal die Erinnerung: Sieben Jahre haben wir seit 1946 in Westberlin in unserer Ruinenwohnung gelebt: Zwei Zimmer und eine Kammer mit gerissenen Wänden, ein einziger kleiner Ofen. Zentralheizung durch die Bombardierung kaputt. Sieben Jahre verpappte Fenster, weil uns das Geld für Glas auf dem Schwarzmarkt fehlte. Sowjetische Berlin-Blockade. Oft kein Strom. Bergrun arbeitete als Lehrerin, wie erwähnt, in einer Klasse mit ausgemusterten »schwer erziehbaren Kindern«. Ich studierte, schrieb meine philosophische Doktorarbeit, bestand daneben mein Medizin-Examen und begann mit der psychoanalytischen Ausbildung. Dazu drei Kinder, das letzte 1950, also alle in dieser Behelfswohnung. Außer einem Stipendium von der Humboldt-Universität konnte ich bis 1950 keine Mittel beisteuern. Dann kam endlich der Bescheid einer Bank über ein altes Konto meines Vaters, das uns 1953 einen Umzug aus unserer Halbruine möglich machte.

Das erzähle ich nur, weil die schwierigen Umstände keinen Augenblick die Freude über unsere drei kleinen Kinder trübte. Auch bei befreundeten, aus Gefangenschaft zurückgekehrten Studenten fanden wir die gleiche Lust auf Kinder und später die Freude an ihnen. Kinder, das war nach den Jahren der Zerstörung, der Gewalt und des Todes ringsum das neue Leben mit der Hoffnung auf eine selbst zu gestaltende Freiheit. Alle Beschwernisse und enormen Lasten wurden leichter mit fröhlichen Kindern.

Das soll nun nicht besagen: Wie toll waren wir in jener Zeit, und warum tut ihr euch heute mit dem Kinderkriegen so schwer? Wir sahen damals nach den schwarzen Jahren vor uns die große Chance der Neugestaltung einer friedlicheren, freundlicheren Welt. Und das erschien uns mit Kindern an der Seite erfreulicher als ohne sie. Das machte Spaß und war nichts Heroisches. Die Kinder stärkten unseren Mut, das zu überwinden, was uns unsere Jugend verdorben hatte. Doch an dieser Zuversicht mangelt es im heutigen Zeitgeist. Die Leute sehen schon die nächste Wirtschaftskrise kommen. Doch in Wahrheit kommt der Pessimismus von innen. Heimlich zweifeln wir daran, dass wir noch gut genug sind, für eine freundliche Zukunft zu sorgen.

Ich habe das Glück, immer wieder von Schulen eingeladen zu werden, die irgendein Jubiläum feiern oder in denen Lehrer oder Schüler durch Publikationen auf mich aufmerksam geworden sind. Sehr hilfreich sind mir auch zwei Enkelinnen, die meiner Frau und mir laufend erzählen, wie sie als Lehrerinnen ihre Schülerinnen und Schüler erleben. Von meinem Austausch mit Joseph Weizenbaum über unsere Erfahrungen in Schulen habe ich schon Auskunft gegeben. Unser Eindruck: Da wachsen Internet-Süchtige heran. Aber auch viele andere, die Orientierung suchen, es jedoch schwer haben, etwas draußen oder in sich selbst zu finden, das ihren vollen Einsatz lohnt. Es ist ja auch eher unüblich geworden, einander sehr nahe zu rücken. Man weiß nicht viel voneinander. Die Hauptsache ist: Du bist okay, ich bin okay. Dann wird man sich beiderseits nicht zur Last, aber steht unter Umständen einsam da, wenn es einem schlecht geht. Doch vielleicht ist das inzwischen nicht mehr nur die Frage individueller, sondern gemeinsamer Isolation, – in der es vielen an Kraftreserven fehlt, andere wieder aufzurichten. So dass man lieber wegschaut, als irgendwo hilfreich beizuspringen. Warum bringt sich ein erfolgreicher Fußballtorwart um? Wie wird ein ganz unauffälliger Schüler zum Amokläufer? Der hatte sich an die Psychiatrie gewandt, aber dort wohl nicht erkennen lassen, wie schlecht es ihm ging. Beide versetzten das ganze Land in einen Schock: Leben wir alle auf so dünnem Eis? Was sind wir für eine Gesellschaft, die solche Verzweiflungstaten zulässt? Von Joseph und mir hat diese Jugend jedenfalls zu hören bekommen: Es ist möglich und notwendig, dass wir mit Zuversicht daran arbeiten, die Verhältnisse freundlicher und friedlicher zu machen. Wir erzählen, was wir Alten immer noch tun, aus dem Glauben heraus, dass sich Engagement langfristig doch immer wieder lohnt.

Meine beiden Enkelinnen sind leidenschaftliche Lehrerinnen. Beide unterrichten u. a. in Kunst. Sie sind begeistert, mit welcher Lust und Kreativität ihre Schüler bei Projekten mitmachen. Sie erzählen, wie die Kinder danach hungern, dass man sie wahrnimmt, dass man sich persönlich für sie interessiert. Tatsächlich gibt es Schulen, wo von oben bis unten ein freundliches Klima herrscht, wo der Umgang miteinander Freude macht und nicht durch Leistungsdruck erstickt wird, der immer schon die Verwertbarkeit im späteren Wirtschafts-Stress im Blick hat. Die Gesellschaft kann nur menschlicher werden, wenn Kindheit als eine Lebensstrecke mit eigenen Bedürfnissen, Visionen und Interessen und nicht nur als Vorbereitungsphase für die sogenannte eigentliche Wirklichkeit begriffen wird.

Immer wieder erlebe ich so etwas bei Besuchen in Schulen, wie plötzlich zwischen den Sechzehn- bis

Achtzehnjährigen und mir, dem Mann Mitte 80, eine Stimmung von Vertrautheit entsteht. Dabei fällt auf, wie nahe den Jungen auch immer noch der Schrecken des Holocaust ist, näher als manchen der mittleren Generation, die nicht mehr wissen wollen, was in ihnen steckt von der Last jener, die vor ihnen da waren. Die heute Achtzehnjährigen aber interessieren sich dafür, was ein damals Achtzehn- und jetzt über Achtzigjähriger aus jener Zeit gelernt hat und warum er sich unvermindert intensiv für Frieden und gegen soziale Verantwortungslosigkeit engagiert.

Sie wollen wissen, was sie in dem von sich selbst wiederfinden. Die Schüler interessiert auch, wie meine Frau, die selbst Lehrerin war, sich neben mir bis heute bei den »Frauen für den Frieden« politisch engagiert und dass sie für ihre Flüchtlingshilfe in Kroatien während des Balkankrieges mit dem Bundesverdienstkreuz ausgezeichnet worden ist. Dann stehen wir nach einer solchen Feier mit der Schuljugend und der Lehrerschaft nahe zusammen, als wären wir längst miteinander vertraut. Eben dieses Gefühl der Zusammengehörigkeit ist es, das als Zuversicht nachklingt.

Nun sind Bergrun und ich 64 Jahre zusammen. Allein dieser lange Zusammenhalt zeigt uns, wie sich die Menschen verändert haben, denen wir mitunter als eine anachronistische Rarität erscheinen, während wir selbst uns normal vorkommen und eher die Bindungsschwäche der Nachfolger bedauern. Während es von außen erscheint, als sei uns manches durch das Festhalten aneinander entgangen, erscheint uns die Unstetigkeit der Heutigen eher als ein Hauptgrund für das Schwinden langfristiger Zukunftsvorsorge. Wir fragen uns immer noch, ob wir vor unseren Eltern bestehen können, erst recht aber, ob wir genügend für die vorsorgen, die uns folgen. Immer noch können wir helfen, die Augen dafür zu öffnen, was in der Innenwelt der Gesellschaft vor sich geht. Dabei bietet das Alter sogar einen Vorteil, den ich genau wie Joseph Weizenbaum gern ausnutze. Die Verabschiedung aus Ämtern befreit von aller Rücksichtnahme auf vorgesetzte Instanzen. Mit unfreundlichen Gegnern muss man natürlich unverändert rechnen, aber das ist für den Psychoanalytiker ohnehin unausbleiblich. Wie schon Freud vor genau 100 Jahren auf einem Kongress in Nürnberg festgestellt hat, gehört die Provokation von Widerstand sogar zu den Notwendigkeiten gesellschaftskritischer Psychoanalyse. Da hat er gesagt: »Die Gesellschaft muß sich im Widerstand gegen uns befinden, denn wir verhalten uns kritisch gegen sie.« »Wie wir den Einzelnen durch die Aufdeckung des in ihm Verdrängten zu unserem Feinde machen, so kann auch die Gesellschaft die rücksichtslose Bloßlegung ihrer Schäden und Unzulänglichkeiten nicht mit sympathischem Entgegenkommen beantworten.«

Die Angst vor dem Islam

Das Generalthema, mit dem sich die gesellschaftskritische Psychoanalyse seit je Ärger zuzieht, ist die kollektive Projektion von verdrängtem Selbsthass auf äußere Hassobjekte. Wem dieser Mechanismus Erleichterung bringt, der wehrt sich gegen dessen Aufdeckung und neigt dazu, den Psychoanalytiker den Gegnern beizugesellen. Zur Zeit des atomaren Wettrüstens untergrub ich, wie es hieß, die Wehrbereitschaft des christlichen Abendlandes. Dann verwandelte ich mich in einen vermeintlichen Pro-Islamisten und Sympathisanten des Terrorismus. Solche Verdächtigungen ernte ich automatisch, wenn ich nicht nur für Toleranz werbe, sondern die verdeckte Hassprojektion der Intoleranz beim Namen nenne.

Seit das »Böse« Moskaus in die islamischen »Schurkenländer« umgezogen ist, kann ich mich allerdings eines hochangesehenen Türken als Bundesgenossen erfreuen, der sowohl mit dem Literaturnobelpreis als auch mit dem Friedenspreis des Deutschen Buchhandels geehrt worden ist. Die Rede ist von dem türkischen Schriftsteller Orhan Pamuk. Er hat folgenden Text geschrieben:

»Der Westen hat leider keine Vorstellung von dem Gefühl der Erniedrigung, das eine große Mehrheit der Weltbevölkerung durchlebt und überwinden muss, ohne den Verstand zu verlieren oder sich auf Terroristen, radikale Nationalisten oder Fundamentalisten einzulassen.« Pamuk fährt fort: »Heute ist das Problem des Westens weniger, herauszufinden, welcher Terrorist in welchem Zelt, welcher Gasse, welcher fernen Stadt seine neue Bombe vorbereitet, um dann auf ihn Bomben regnen zu lassen. Das Problem des Westens ist mehr, die seelische Verfassung der Armen, Erniedrigten und stets im ›Unrecht‹ stehenden Mehrheit zu verstehen, die nicht in der westlichen Welt lebt.«

Sir Peter Ustinov schreibt in seinem letzten Buch *Achtung! Vorurteile* ähnlich: »Der Terrorismus, der in dem furchtbaren 11. September kulminierte, ist ein Krieg der Armen gegen die Reichen. Der Krieg ist ein Terrorismus der Reichen gegen die Armen.« Fundamentalistische Islamophobie verfällt zusammen mit dem militanten Islamismus in einen Austausch wechselseitiger Hassprojektion. In der *Süddeutschen Zeitung* (14. 01. 2010) warnte Thomas Steinfeld eindringlich vor hiesigen »Hass-Predigern« wie Henryk M. Broder, die selbst zu Fundamentalisten würden. »Wenn man aber mit den ›westlichen Werten‹ ebenso kämpferisch umgeht, wie es der radikale Islam mit seinen Schriften tut, dann verhält man sich wie der, den man sich zum Feind erkoren hat.«

Der Vergleich ist treffend, aber er lenkt von dem fruchtbaren Bemühen ab, den Streit zu versöhnen. Seit 15 Jahren erinnere ich immer wieder an drei große Philosophen, die während der blutigen mittelalterlichen Kreuzzüge auf die gemeinsame Wurzel der drei monotheistischen Religionen hinwiesen. Den Anstoß gab der arabische Philosoph Ibn Rushd oder Averroes. Vereinfachend gesagt lautete seine Botschaft so: Jede der drei Religionen hat einen eigenen spezifischen Teil. Das ist die Offenbarung. Daneben aber existiert eine gemeinsame Vernunftreligion, eine Art Gattungsvernunft. Ein *intellectus agens*, eine aktive Intelligenz, die eine gemeinsame Wertewelt aller drei Religionen enthält, wie wir es heute vielleicht nennen würden. Diesen Gedanken nahmen der jüdische Philosoph Maimonides und der deutsche Dominikaner Albertus Magnus auf.

Die drei stoppten damit nicht die Kreuzzüge. Aber sie setzten ein lange nachwirkendes Zeichen. In Paris und Oberitalien leben die Ideen des Arabers Averroes lange weiter. Noch im 18. Jahrhundert preist ihn Voltaire als wichtigen Aufklärer des westlichen Kulturprozesses. Unlängst war es der ägyptische Präsident Anwar al Sadat, der mit der gemeinsamen Verwurzelung der monotheistischen Religionen seine Versöhnungspolitik mit Israel begründete. Er besuchte Israel und schloss mit Ministerpräsident Begin einen Friedensvertrag, was beiden die Auszeichnung mit dem Friedensnobelpreis einbrachte. Später starb Sadat bei dem Anschlag eines heimischen Fanatikers.

Eine seiner ersten Reden als Präsident der USA hielt Barack Obama in Kairo, in der er den islamischen Staaten die Hand reichte. Wunderbare Reden, Staatsbesuche, Treffen der Religionen und akademische Tagungen können die tiefe Kluft der Entfremdung dennoch nicht verleugnen, die sich über die Jahrhunderte aufgetan hat. Umso wichtiger ist jede Anstrengung, sich an die gemeinsame Wurzel der Religionen zu erinnern und darüber nachzudenken, wenn Feindschaft erkennbar dem Bedürfnis folgt, eigenen Frust durch Projektion abzureagieren.

Das Christentum war in schlechter Verfassung, als Papst Urban II. 1095 in Clermont zum 1. Kreuzzug aufrief: »Hier sind die Freunde Gottes, dort sind seine Feinde.« Ähnlich klang es bei Bush nach dem 11. September: »Entweder ihr seid für uns, oder ihr seid für die Terroristen!« Dann führte er Krieg gegen Saddam Hussein. Bush hätte die Amerikaner und die halbe Welt nicht in den Irak-Krieg verwickeln und mit dem Krieg keine zweite Wahlperiode überstehen können, wäre ihm nicht das tief verankerte Bedürfnis nach Hassprojektion in der Bevölkerung zu Hilfe gekommen. Viele waren deshalb bereit zu übersehen, dass der Krieg den islamistischen Terrorismus im Irak erst entflammt hat.

Nun ist das militärische Abenteuer im Irak gescheitert, und die Amerikaner haben mit Obama einen Präsidenten gewählt, der ihnen die Aussicht eröffnet, die nationale Selbstachtung durch eine moralische Neuorientierung wiederherzustellen. Amerika als Versöhnungsmacht. Ein Präsident, der den Mut hat, Hiroshima als Schuld einzugestehen, der den Atomwaffen-Sperrvertrag wieder anerkennt und auf das Endziel einer atomwaffenfreien Welt hinarbeitet. Doch hat ihm Bush ein Afghanistan hinterlassen, in dem eine Vielzahl von zivilen Bombenopfern das erhoffte Vertrauen der Bevölkerung weitgehend zerstört hat. Einen tragfähigen Frieden wird es aber nur im Konsens mit maßgeblichen Kräften im Lande geben.

Viele sehen Obama auf dem Prüfstand. Wird er die in ihn gesetzten Hoffnungen erfüllen? Aber das ist die falsch gestellte Frage. Die richtige lautet: Werden die Amerikaner den Weg durchhalten, für den sie sich durch Obamas Wahl entschieden haben? Werden sie selbst ihr »We can, yes, we can!« wahr machen, das sie ihm zugerufen haben? Und wird der Westen einen Weg mitgehen, der den Menschen den Mut zu mehr sozialer Verantwortung und zu mehr Friedfertigkeit abfordert? Es geht in der Tat um eine radikale Umbesinnung. Psychoanalytisch kann man auch wieder von der Arbeit an einer Verdrängung sprechen. Die Psychoanalyse kann immer nur auf das Verdrängte aufmerksam machen und auf einen Gesundungswillen hoffen, der das Verdrängte befreit. Welches aber ist das Verdrängte in dieser Zeit?

Flexibilität, ein zwielichtiges Machtwort des Zeitgeistes

Manchmal hilft ein äußeres Ereignis, sehend zu werden. Da überfällt kürzlich ein verheerendes Erdbeben in Haiti eines der ärmsten Völker der Erde. Es sind die Erben eines trostlosen Sklavenschicksals. In einer Minute vernichtet der Erdstoß 300000 Menschenleben und zerstört die Lebensgrundlagen von Millionen. Unzählige verwaiste Kinder laufen umher oder liegen verletzt auf dem Boden. Konfrontiert mit den Schreckensbildern werden Menschen in aller Welt von Entsetzen, Angst und Mitleid gepackt. Eine Riesenwelle von Hilfsbereitschaft erfasst in den Völkern Junge wie Alte. Plötzlich erkennen sich alle in den Bildern von Elend und Leid wieder. Es dringt in die Tiefe: So verletzlich und zerbrechlich sind wir alle. Wir fühlen uns schlecht, wenn wir nicht auf der Stelle etwas tun, wenigstens spenden und ein Zeichen geben, dass wir mittragen, dass wir die Opfer nicht allein lassen.

Was da hochkommt, ist die verdrängte Seite in uns, die wir sonst kaum mehr kennen. Wir fühlen mit denen, die vom Leid gezeichnet sind, und hören dankbar in den Medien denen zu, die vor Ort im Helfen eingespannt sind und die stellvertretend für uns das tun, wonach uns auch zumute ist. Dabei erfahren viele, was in ihnen an Empfindsamkeit, Mitfühlen und Helferimpulsen steckt, wovon ihnen in ihrem Alltag kaum noch etwas zu Bewusstsein kommt. Es ist das, was sonst eher als Schwäche, Sentimentalität und Gutmenschlichkeit zugedeckt wird.

Aber was in den Menschen durch Haiti geweckt wird, ist nicht nur Mitfühlen, sondern auch ein lange unterdrücktes Unbehagen an einem System zunehmender Manipulation und Unanständigkeit. Es ist ein Widerstreben gegen Unmoral. Nach dem gescheiterten Klimagipfel in Kopenhagen gab es keinen Aufschrei. Aber stille Empörung. 30 Jahre kannten die Verantwortlichen die Warnungen der Klimaforschung, die allen Überprüfungen standhielt. Auch als die Zockerei der Banker und die Schäden der Finanzkrise bekannt wurden, gab es keinen lauten Krach, nur verhaltenen Unmut. Die Menschen sehen sich inzwischen in einer Wirtschaft gefangen, in der theoretisch noch gilt, was praktisch immer weniger befolgt wird. John Steinbeck hat in den siebziger Jahren schon die praktische Umkehr der Werterichtung in der neuen Erfolgsmoral skizziert:

> »Menschliche Eigenschaften wie Güte, Großzügigkeit, Offenheit, Ehrlichkeit, Verständnis und Gefühl sind in unserer Gesellschaft Symptome des Versagens. Dagegen sind Gerissenheit, Habgier, Gewinnsucht, Gemeinheit und Egoismus Merkmale des Erfolges.«

Das ist kein satirischer Spaß, sondern reale Praxis, und dabei haben die Banker mit ihren verantwortungslosen Luftgeschäften noch nicht einmal etwas Illegales getan. Die Regeln, die solche Auswüchse hätten verhindern können, ersparten ihnen regierende Politiker, die die Freiheit zu schützen versprachen, aber damit auch der Zockerei Tor und Tür öffneten.

Die windigen Banker sind indes kein Sonderfall. Steinbecks Erfolgstypen tummeln sich überall. Sie werden sogar zum Leitbild einer neuen Managergeneration, heute vielfach trainiert von Ausbildern, die ihnen als allererste Erfolgstugend Flexibilität beibringen. *Flexibilitas* meint aber Krümmbarkeit, Verbiegbarkeit, hierhin oder dorthin, je nach dem, was gerade gefragt ist. Das verträgt sich allerdings nicht mit Bindungsfähigkeit. Also muss man behaupten: Bindung mache unbeweglich, starr, langweilig. Kein Wunder dann auch, dass solche Flexiblen keinen verlässlichen Charakter ausbilden, denn der braucht Konstanz und Standfestigkeit. Doch wie heißt es heute schon in den Schulen: Du bist das wert, als was du später gebraucht werden wirst, also was man mit dir machen kann.

Aber Kinder werden nicht dazu geboren, für andere zu funktionieren, sondern um ihr Selbst in und mit der Gemeinschaft zu entfalten. Sie sind nicht Anhängsel der Erwachsenenwelt, sondern brauchen Entfaltungsraum für ihre eigenen Wünsche, Interessen und Begabungen. Kinder wollen lernen und brauchen Anleitung und Halt. Aber sie sind nicht dazu da, das nachzuholen, was die Eltern versäumt haben, oder das wettzumachen, worin ihre Eltern gescheitert sind.

Ich hatte als Therapeut schon früh mit den Kindern von Eltern zu tun, die ihnen die Folgen eigener falscher Anpassung aufbürdeten, d. h. ihnen die eigenen inneren Brüche als fatales Erbe hinterließen. Und meine therapeutische Aufgabe war es oft, die Kinder im Widerstehen zu unterstützen und die Eltern von der Übertragung ihrer eigenen Probleme auf die Kinder abzuhalten. Diese Freiheit brauchen die Kinder. Aber wie sollen ihnen Eltern und Lehrer eine Freiheit ermöglichen, die sie selbst nicht erkämpfen konnten oder wollten?

Viele Kinder brauchen Nachhilfe in Mathematik. Aber viele Eltern bräuchten Nachhilfe in Erziehung oder in nachzuholender Selbsterziehung. Dazu bedürfte es allerdings einer Gesellschaft, die nicht nur auf das Machen und das Verhalten schaut, sondern ernst nimmt, was sich im eigenen und im gemeinsamen Innern abspielt. Das fängt bei der Erziehung an und sollte sich in der Arbeitswelt fortsetzen. Dass die Flexibilität ein Machtwort des Zeitgeistes geworden ist, folgt aus einer Entseelung der Gesellschaft, die ihr Innenleben am liebsten wie ein neuronales Netzwerk elektronisch beherrschen würde.

Ist die Welt reif für Obamas Ideen?

Zwei Probleme versagen Obama die Erlöserrolle, die viele ihm vorzeitig zugeteilt haben. Er erbt in Afghanistan einen Krieg, den er nicht militärisch gewinnen kann. Und auch mit noch so energischen Interventionen wird er die Zocker-Mentalität auf den Finanzmärkten nur eindämmen, nicht aber besiegen können. Die Frage ist, ob er genügend Unterstützung für seinen moralischen Aufbruch findet, nämlich konsequent überall dort Versöhnung anzustreben, wo die Welt friedlos gespalten ist. Die Amerikaner haben mit Obamas Wahl einen großen Schritt zur Überwindung von Rassenfeindschaft getan. Werden sie das Versprechen durchhalten, das sie sich damit vor aller Welt selbst gegeben haben?

Schon ein Jahr nach der Wahl sieht alles ganz anders aus. Die Obama-Poster sind verschwunden. Die Beliebtheit des Präsidenten ist dramatisch abgesunken. Katerstimmung hat sich breitgemacht. Der US-Wirtschaft geht es schlecht. Die Arbeitslosigkeit ist hoch. Obama macht Kompromisse. Wo bleibt die Durchsetzungskraft, die man ihm zugetraut hat? Es ist ein Phänomen, das ich ähnlich bei Brandt und Gorbatschow beschrieben habe. Ein Friedenspolitiker ergreift die Seelen mit seinem Glauben an eine humanere Welt. Leicht wird dann sein Engagement mit der Kraft verwechselt, seine Ideen durchzusetzen. Feinfühlige Sensibilität geht schon ihrem Wesen nach nicht leicht mit der Robustheit eines Tatmenschen zusammen. Für die Härte des Politgeschäftes braucht ein seiner Natur nach eher sanfter Charismatiker stets besonderen Rückhalt in seiner Führungsmannschaft. Steht er allein da, sieht man ihn zögern und Kompromisse schließen. Und schon verwandeln sich glühende Verehrer in gnadenlose Kritiker, darunter nicht wenige, die sich die eigene Desillusionierung durch Hass erträglicher machen. Eben noch verzaubert, werden sie nun zu Wortführern der vermeintlich Verratenen und Betrogenen.

Aber Obama ist zäh. Und er kämpft. Mit dem Vorhaben einer großen Gesundheitsreform stellt er sich selbst auf die Probe. Mit ihr verbindet er sein politisches Schicksal. Am 23.3.2010 erringt er mit 219 gegen 211 Stimmen eine knappe Mehrheit im Kongress. Es ist ein historischer Sieg, ein Jahrhunderterfolg. 30 Millionen Amerikaner bekommen Versicherungsschutz. Es ist eine wichtige sozialpolitische Errungenschaft, die innenpolitisch seiner außenpolitischen Linie der Versöhnlichkeit folgt. Wie inszeniert, kann Obama drei Tage später, am 26.3., schon wieder einen Triumph feiern. Seine Abrüstungsverhandlungen mit Russlands Präsident Medwedjew erzielen einen Durchbruch. Beide Seiten reduzieren ihre Trägersysteme auf je 800 und ihre atomaren Sprengköpfe von 2200 auf 1550. Die USA verpflichten sich, keine neuen Sprengköpfe mehr zu entwickeln. Das ist noch nicht großartig, doch ein erster wichtiger Schritt in Richtung Vertrauen. Leicht wird dabei vergessen, dass das Risiko solcher Versöhnlichkeit ja eher in der Unzuverlässigkeit der eigenen Bevölkerung liegt, die in einer gespaltenen Welt leichter zusammenhält als in einer versöhnten. Gorbatschow musste gehen, als er dem Frieden die Herrschaft über das Sowjetreich opferte. Und die Amerikaner schickten ihren Präsidenten Carter fort, als dieser sich militärisch in Teheran blamierte. In den USA warten viele Republikaner bereits auf eine Schlappe Obamas in Afghanistan, um ihre traditionelle nationale Vorherrschaft zu restabilisieren.

Aber könnte das anders sein in einer selbstgerechten Nation, deren Zusammenhalt eben noch ein George W. Bush durch einen Weltfeind, der kein solcher war, gekittet hatte? Und wie kann eine an psychischer Korruption erkrankte westliche Welt sich plötzlich einer ihr abverlangten Friedensfähigkeit sicher sein? Was ist überhaupt der vorübergehende Enthusiasmus wert, den Obama schon vor seiner Wahl weltweit entfacht hatte? Man erinnere sich an die 200000, die den Besucher im Berliner Tiergarten empfingen und ihn mit »We can, yes, we can!« begrüßt hatten. War das nur Strohfeuer? Oder eine verheißungsvolle Aufbruchstimmung?

Eine ähnliche Frage hatte sich vor 200 Jahren Immanuel Kant gestellt, als er, siebzigjährig, die europaweite Begeisterung für die Leitideen der Französischen Revolution wahrnahm. Da lag die *Kritik der praktischen Vernunft* schon hinter ihm, in der er seine Skepsis gegenüber emotionalen Antrieben für Moralität erläutert hatte. Nun fragt er erneut: Was taugt der durch die Revolutionsideale geweckte Enthusiasmus? Diesmal kommt er zu einer bemerkenswert optimistischen Antwort: »Die Revolution eines geistreichen Volkes (…) mag gelingen oder scheitern (…), diese Revolution findet doch in den Gemütern aller Zuschauer eine Teilnehmung dem Wunsche nach, die nahe an Enthusiasmus grenzt.« Dies könne doch keine andere als eine moralische Anlage zum Grunde haben. Für die Anthropologie sei festzustellen, »daß wahrer Enthusiasmus immer aufs Idealische und zwar rein Moralische geht.« Und dies sei ein Beweis für die Berechtigung, einen Fortschritt zum Besseren zu erhoffen.

Auf Obama angewendet hieße das: Ganz gleich, was er praktisch erreicht – die von ihm erzeugte Begeisterung durch seine humanistischen Visionen ist ernst zu nehmen und berechtigt uns zu hoffen. Also kommt es darauf an, was wir alle aus unserer Hoffnung machen. Darauf, dass wir zu ihrer Verwirklichung beitragen, anstatt an Obama zu delegieren, was unser aller Aufgabe ist, nämlich unsere wahren kulturellen Werte wieder in Kraft zu setzen. Das heißt aber, einen Kampf wieder aufzunehmen, den die Friedensbewegung, die grüne und später die globalisierungskritische Bewegung begonnen und weitergeführt haben.

Allerdings sind diese Bewegungen zurzeit in keiner besonders guten Verfassung. Als die deutsche Friedensbewegung 2008 gegen die 20 an der Mosel gelagerten Nato-Atombomben protestierte, ich gehörte zu den Rednern, kamen gerade mal 3000 Leute. Niemand ging auf die Straße, als 2009 amerikanische Bomber, von deutschem Militär gerufen, über 140 Afghanen töteten. Fast unbeachtet blieben die Globalisierungskritiker, die zu dem jämmerlich gescheiterten Klima-Gipfel im Dezember 2009 nach Kopenhagen angereist waren. Die Stimmung glich einer Beerdigung, obwohl das Ereignis als letzte Gelegenheit zur Abwendung einer globalen Katastrophe angekündigt worden war. Was bedeutet diese Lähmung? Ist es nur ein Atemholen vor einem neuen Aufbruch oder schon Resignation?

Psychische Korruption und Missbrauch in der Kirche

Wenn wir einen moralischen Aufbruch wollen, aber die Kraft vermissen, ihn zu verwirklichen, müssen wir bei uns nach dem Grund suchen. Zunächst sieht es wie eine Ablenkung aus, als uns die Medien neuerdings über Wochen mit Meldungen über sexuellen Missbrauch und Misshandlungen in Atem halten. Anfangs sind es einzelne, schließlich hunderte von Opfern, die sich täglich offenbaren. Ein Bischof wird mit der Aufgabe betraut, vorzusortieren und für Bearbeitung zu sorgen. Jahre, selbst Jahrzehnte zurückliegende Vorfälle kommen ans Licht – und, wie inszeniert, in geballter Fülle. Die Opfer wollen sich aus ihrer schweigenden Bedrücktheit befreien, sich wieder aufrichten. Und die katholische Kirche soll zur Rede gestellt werden. Sie, die Scham und Ohnmacht der Betroffenen ausgenutzt hatte, um die peinlichen Delikte vor Aufsehen zu bewahren.

Aber nun ist das anders. Nach den USA und Irland muss die Kirche unseres Landes Farbe bekennen. Die Opfer wollen sich selbst der Wahrheit stellen, aber auch die Institution herausfordern, die das Wertebewusstsein, das sie schützen sollte, ungeniert verraten hat. Nun ist die Kirche auf die Probe gestellt: Strengt sie sich an, durch Selbstkritik, Entschädigung der Opfer und gründliche Reformen verlorene Glaubwürdigkeit allmählich zurückzugewinnen? Begreift sie, dass sie den Tausenden von Bekennern einen Anstoß zu einer längst fälligen Selbstreinigung verdankt, oder hofft sie nur abwartend auf baldige Erlahmung des Aufbegehrens? Die Zahl der Bestrafungen wird sich durch Verjährung vieler Taten ohnehin in Grenzen halten.

Es wird gefragt: Warum haben die allermeisten Opfer über viele Jahre, sogar über Jahrzehnte geschwiegen? Warum haben sie sich nicht schon viel früher durch Offenbarung erleichtert? Wir Therapeuten kennen aus unserer professionellen Erfahrung die Nachhaltigkeit der Traumatisierung durch das Erlittene, die Selbstwert-Konflikte und die Hemmung, die Gnadenhelferin Kirche herauszufordern. Aber noch brennender interessiert ja die Frage: Warum kommt der Gang in die Öffentlichkeit gerade jetzt? Was ist es an der aktuellen gesellschaftlichen Situation, das urplötzlich die Geschädigten wie zu einem kollektiven Aufschrei versammelt? Welcher Anlass steckt hinter der Aktion, die an einen politischen Protest erinnert?

Offenbar gibt es jedoch keinen auffallenden Anlass. Doch könnte die Flut der Bekenntnisse und Anklagen so heftig und langdauernd aufregen, verwiese sie nicht auf eine tiefer wurzelnde Krankheit? Krankhaft ist aber nicht etwa die Veröffentlichung, vermittelt diese doch Aufdeckung der Wahrheit. Krank war das bisherige Arrangement von vertuschender Kirche und eingeschüchtert schweigenden Opfern. Nun geht der Heilungsprozess von den Opfern aus, die sich selber exponieren und den Tätern die Chance zur Versöhnung geben – Versöhnung im sprachgeschichtlichen Sinn von »Entsündigen«.

Die bekennenden Opfer ernten, wie sich zeigt, nicht nur Achtung. Sie wecken auch Hoffnung. Man sieht: Missbrauchte sind nicht wehrlos. Könnte das Beispiel nicht ansteckend wirken? Ansteckend für uns alle, die wir missbraucht werden durch fragwürdige Kriege, durch den Risikowahn der Finanzindustrie, durch Umweltzerstörung, unsichere Kernkraftwerke, ungenügende Klimavorsorge, Atomwaffen-Bedrohung und nicht zuletzt durch die ewige Erweiterung der Armutskluft? Ein paar hundert Aufrechte oder sich wieder Aufrichtende haben die Weltmacht Katholische Kirche erschüttert und zur Selbstbesinnung gezwungen.

Vielleicht gibt es also doch einen Anlass, der zu der Herausforderung der Kirche durch die Enthüllungsoffensive geführt hat. Nämlich die Wahrnehmung eines wachsenden landesweiten Unbehagens über den schleichenden Werteverfall. Die Leute spüren einen Rückgang der Humanität in der Gesellschaft. Sie erkennen immer deutlicher, dass die Bedrohung durch den Terrorismus von außen lange nicht so gefährlich ist wie die psychische Korruption von innen. Umgekehrt ist die Widerstandskraft von Globalisierungskritikern, Attac, Friedensbewegung u. a. dann am stärksten, wenn sie mehr von einem »Pro« als einem »Anti« ausgeht. Vielfach hat sich gezeigt: Unvermeidliche Niederlagen in den Bewegungen halten diejenigen am ehesten aus, in denen der Glaube überwiegt, dass wir die Welt besser machen können, ja müssen – und dass wir mit unserer Anstrengung eine Hoffnung weitergeben, die nicht erlöschen darf.

Zeit für einen moralischen Aufbruch

Ich habe in einem Überblick über ein halbes Jahrhundert zu zeigen versucht, wie eine scheinbar irreversible moralische Verdorbenheit von einer jungen Generation, belastet mit dem geistigen Hitlererbe, allmählich überwunden werden konnte. Als Familientherapeut habe ich miterlebt, wie Kinder in der inneren Auseinandersetzung mit den ihnen übertragenen Konflikten und Schäden der Eltern zuerst litten, dann aber oft lernten, sich von den falschen verinnerlichten Botschaften zu befreien. Ich war dabei, wie aus antiautoritärer Rebellion bei vielen ein neuer Geist erwachte. Wie Hass in einen humanistischen Reformwillen umschlug, der sich mit einem konstruktiven Verantwortungsbewusstsein paarte. Mit einem Wort: Aus der moralischen Verirrung entstand wieder ein intaktes Gewissen.

Aus diesem beispielhaften Prozess einer moralischen Gesundung lässt sich ablesen: Es gibt doch immer wieder die Chance zu einer Regeneration. Die Krankheit des moralischen Verfalls lässt sich am wirksamsten dort verhüten oder bekämpfen, wo sie entsteht, nämlich im einzelnen Menschen und zwar in der Phase, in welcher der Heranwachsende die Widerstandskraft seines Gewissens zu erproben hat, das vielen Anpassungszwängen ausgesetzt ist. Dann entscheidet er darüber, in welcher der beiden von John Steinbeck beschriebenen Wertewelten er sich einrichten wird. Es wäre verlockend, anhand von Fallgeschichten aus der Praxis zu nachzuzeichnen, welche Kämpfe in dieser Phase der Über-Ich-Entwicklung zu bestehen sind. Hier sei nur festgehalten: Kindererziehung ist kein Neben-, sondern ein Hauptschauplatz, wo sich offenbart, ob wir noch gut genug sind oder wieder werden können, um die modernen Krisen, die im wesentlichen moralische Krisen sind, zu bestehen.

Daraus habe ich eine Art Motto abgeleitet: »Es gibt eine kreisförmige Wechselbeziehung zwischen Machen und Erkennen. Wenn man nicht macht, was man als notwendig, wenn auch mit persönlichen Unannehmlichkeiten behaftet, erkannt hat, dann kann man irgendwann auch nicht mehr erkennen, was zu machen ist. Wer Anpassungszwängen taktisch nachgibt, wohl wissend, dass er ihnen mit vertretbarem Risiko widerstehen könnte und auch sollte, wird nach und nach die Unzumutbarkeit von Anpassungsforderungen gar nicht mehr wahrnehmen, das heißt die eigene Gefügigkeit auch nicht mehr als Fluchtreaktion durchschauen. Alles erscheint normal: die Verhältnisse, denen er sich ergibt, und der Verzicht auf Gegenwehr, den er eben gar nicht mehr als Verzicht erlebt.«

Diese Maxime ist nicht am Schreibtisch entstanden, auch nicht am Vorlesungspult, sondern zuerst in der therapeutischen Arbeit, später im Kampf an der Seite der emanzipatorischen Reformgruppen und der Friedensbewegung. Langsam wuchs meine Einsicht: Die innere Wiederherstellung nach dem Nazi-Kulturbruch benötigte mehr als die Aufarbeitung der soziologischen Hintergründe. Unerlässlich ist die permanente Vergewisserung der eigenen Standfestigkeit in der laufenden drohenden Vereinnahmung für Unrecht oder Inhumanität. Und das Ertragen der Einsamkeit, wenn Widerständigkeit ringsum auf Unwillen stößt.

Soziale, grüne und Friedensbewegung sind in die Jahre gekommen. Ein biologisches Vorurteil nennt das Nachlassen von Engagement im Alter genauso normal wie körperlichen Kräfteabbau. Tatsächlich haben manche Alternde ihre Widerstandsenergien verbraucht. Andere haben im Engagement von ihren Gegnern so viel verinnerlicht, dass sie diesen ähnlich geworden sind. Oder sie haben sich in ihrem »Anti« so sehr erschöpft, dass ihnen das »Pro« abhanden gekommen ist. Oder ihr Anti hat sich sogar in der Richtung verkehrt. Diejenigen werden ihnen zum Ärgernis, die so geblieben sind, wie sie selbst einmal waren.

Manche erleiden im Alter aus organischen Gründen eine Schwächung ihrer Geisteskraft. Wem aber die Gnade langer psychischer Gesundheit zuteil wird, kann etwas erfahren, was Freund Josef Weizenbaum und ich bei uns festgestellt haben: Nämlich dass wir gerade in vorgerücktem Alter geneigt wurden, weiter in die Zukunft voraus zu schauen, als wir das früher gewöhnt waren. Das erscheint paradox angesichts der noch zu erwartenden eigenen kurzen Lebensstrecke. Doch diese Erfahrung ist erklärbar. Für Bergrun und mich ist z. B. die Mitverantwortung für die Lebensumstände unserer sechs Enkel und drei Urenkel immer präsent. Genauso wichtig ist die Entlastung von einer Situation, die ich anfangs von Daniel Goedevert in Stichworten habe beschreiben lassen: Entlastung von dem sinnentleerten Hinterherhecheln im Wettlauf bei Schwinden der eigenen Fähigkeit, die Dinge noch mitgestalten zu können.

Im Abstand zu diesem Wettlauf, der die humanistischen Widerstandskräfte ruiniert, kann man in sich etwas Überraschendes erleben. Nämlich dass die Hoffnung auf einen moralischen Aufbruch doch noch da ist. Und dass man diese Hoffnung dadurch bestätigen kann, dass man allen noch so plausiblen pessimistischen Bedenken durch Fortsetzung eigener engagierter optimistischer Praxis widerspricht.

Albertus Magnus (2001): Zum Gedenken nach 800 Jahren; Berlin (Akademie Verlag)

Alexander, N. (2006): Warum tue ich, was ich tue, in: Mouratidi, K: ¡Venceremos!; Heidelberg (Edition Braus)

Bahr, H. E. (2004): Martin Luther King; Berlin (Aufbau Taschenbuch Verlag)

Baur, E.A., Fischer, E. u. Lenz, F. (1921): Die menschliche Erblehre und Rassenhygiene; München, 1. Aufl. 1921, 5. Aufl. 1940

Bauman, Z. (1992): Dialektik der Ordnung. Die Moderne und der Holocaust; Hamburg (Europ. Verlag Anstalt)

Bittermann, K. u. Henschel, G. (Hrsg.) (1994): Das Wörterbuch des Gutmenschen; Edition TIAMAT; Berlin (Verlag K. Bittermann)

Bloom, A. (1988): Der Niedergang des amerikanischen Geistes; Hamburg (Hoffman u. Campe), S. 106 ff.

Brandt, W. (Hg.) (1978): Frauen heute; Reinbek (Rowohlt Tb Verlag)

Butler, L. (1999): Sind Kernwaffen notwendig? Rede, gehalten bei einem Runder-Tisch-Gespräch für das Canadian Network to Abolish Nuclear Weapons.

Descartes, R. (1641): Meditationen über die Grundlagen der Philosophie; Leipzig (Verlag Meiner) 1911

Descartes, R. (1647): Die Prinzipien der Philosophie; Leipzig, (Verlag Meiner) 1911

Dostojewski, F.M.: Aus einem Toten Hause; Berlin (Verlag v. Th. Knaur, Nachf. o.J.)

Einstein, A. (1926): Gruß an Romain Rolland zum 60. Geburtstag

Einstein, A. (1932): Brief an Freud, in: Ch. Pichler, (Hg.) »Texte und Protokolle zum Briefwechsel Einstein-Freud«; Wien 2006

Einstein, A. (1975): Über den Frieden, Hg. von O. Nathan und H. Norden; Bern (Herbert Lang u. Cie.)

Elias, N. (1976): Über den Prozess der Zivilisation; Frankfurt a. M. (Suhrkamp Taschenbuch)

Engholm, B. (Hg) (1992): Abschied. Dank an Willy Brandt;

Sonderausgabe für den Parteitag der SPD November 92; Bonn

Erbstösser, M. (1996): Die Kreuzzüge; Bergisch Gladbach (Bastei-Lübbe), S. 81

Falin, V. (1992): Rede auf der Gedenkfeier für Willy Brandt, a.a.O.

Flasch, K. (1986): Das philosophische Denken im Mittelalter; Stuttgart (Ph. Reclam jun.)

Frank, M. (1982): Der kommende Gott; Frankfurt a. M. (edition suhrkamp 1142)

Freud, S. (1910): Die zukünftigen Chancen der Psychoanalytischen Therapie, Ges. Werke, Bd.VIII, S. 111

Freud, S. (1921): Massenpsychologie und Ich-Analyse, Ges. Werke Bd. VIII

Freud, S. (1930): Das Unbehagen in der Kultur, Bd. XIV, S. 463

Freud, S. (1934): Warum Krieg? Band XII, S. 26

Gergen, K. J. (1992): The Decline and Fall of Personality, in: Psychology Today, Bd. 25, Nr. 6

Global 2000 (1980): Der Bericht an den Präsidenten; Frankfurt a. M. (Zweitausendeins)

Goeudevert, D. (1999): Mit Träumen beginnt die Realität; Berlin (Rowohlt), S. 11

Gorbatschow, M. (1987): Für die Unsterblichkeit der menschlichen Zivilisation. Ansprache vor dem internationalen Forum, »Für eine Welt ohne Kernwaffen, für das Überleben der Menschheit«; Moskau (APN-Verlag) S. 20

Gorbatschow, M. S. (1995): Gipfelgespräche; Berlin (Rowohlt)

Henschel, G. (1994): Das Blöken der Lämmer; Berlin (Verlag Klaus Bittermann)

Heym, St. (1981): Ahasver; München (Bertelsmann Verlag)

Heym, St. (1988): Nachruf; München (Bertelsmann Verlag)

Hume, D. (2003): Eine Untersuchung über die Prinzipien der Moral; Hamburg (Felix Meiner Verlag)

Kant, I. (1798): Der Streit der Fakultäten; Darmstadt (Wiss. Buchgesellschaft) Bd. 9, S. 357 ff.

Kolb, St., Seithe, H. IPPNW, (Hrsg.): Medizin und Gewissen; Frankfurt a. M. (Mabuse Verlag)

Kursbuch 116 (1994): Verräter, hrsg. von K. M. Michel und T. Spengler

Le Bon, G. (1895): Psychologie der Massen, dt. 2. Aufl. 1912

Levack, B.P. (1995): Hexenjagd; München (Verlag Beck)

Lifton, R.J. (1988): Ärzte im Dritten Reich; Stuttgart (Klett-Cotta)

Lorenz, K. (1940): Durch Domestikation verursachte Störungen arteigenen Verhaltens, in: B. Müller-Hill: Tödliche Wissenschaft (rororo aktuell)

Ludwig, U. (2005): Im Würgegriff der Industrie, in: Der Spiegel, Nr. 49

Mandela, N. (1994): Der lange Weg zur Freiheit; Frankfurt a. M. (S. Fischer Verlag), S. 833-835

von Marschall, Ch. (2008): Barack Obama; Zürich (Orell Füssli)

McNamara, R.S. (1996): Vietnam, das Trauma einer Weltmacht; Hamburg (SPIEGEL-Buchverlag)

Metz, J.B. (1980): Jenseits bürgerlicher Religion, Reden über die Zukunft des Christentums; München (Verlag Kaiser Grünewald)

Milgram, St. (1982): Das Milgram Experiment; Reinbek (Rowohlt)

Mitscherlich, A. u. Mielke, F. (1960): Medizin ohne Menschlichkeit; Frankfurt a. M. (Fischer Bücherei)

Mitscherlich, A. u. Mitscherlich, M. (1967): Die Unfähigkeit zu trauern; München (Piper u. Co. Verlag)

Müller-Fahrenholz, G. (2003): In göttlicher Mission; München (Knaur Taschenbuch)

Neuberger, O. (1988) zit. nach Gottschall, D.: Freud bei der Arbeit, in: Manager Magazin; 07.1988

Nietzsche, F. (1877/79): Vermischte Meinungen und Sprüche, 391, 1925; Leipzig (Alfred Kröner Verlag)

Nietzsche, F. (1882-1888): Vereinsamt; Wiesbaden (Insel Verlag, Zweigstelle Wiesbaden)

Obama, B. (2009): Ein amerikanischer Traum; München (Deutscher Taschenbuch Verlag)

Ollendorf Reich, I. (1958): Wilhelm Reich; München (Kindler Verlag) 1975

Pamuk, O. (2001): Gering geschätzt, mit Mitleid vertröstet. Es ist vor allem das Gefühl der Erniedrigung in den islamischen Ländern, das dem Frieden im Weg steht, in: Süddeutsche Zeitung; 28.09.2001

Parin, P. (1978): Der Widerspruch im Subjekt; Frankfurt a. M. (Syndikat)

Parin, P. (1978): Warum die Psychoanalytiker so ungern zu brennenden Zeitproblemen Stellung nehmen. Einleitung in: Der Widerspruch im Subjekt; s. dort S. 14

Parin, P. (1991): Es ist Krieg und wir gehen hin; Berlin (Rowohlt)

Parin, P., Morgenthaler, Fr. und Parin, G. (1993): Die Weißen denken zu viel; Hamburg (Europ. Verlagsanstalt)

Prantl, H. (2010): Sparpaket? Windbeutel!, in: Süddeutsche Zeitung; 09.06.2010

R+V Versicherung, Info Center (2006): Die Ängste der Deutschen

Reich, W. (1933): Die Massenpsychologie des Faschismus, Mary Boyd Higgins, deutsch; Frankfurt a. M. (Fischer Tb. Verlag)

Rein, G. (Hrsg.) (1987): Deutsche Dialoge beim Evangelischen Kirchentag in Frankfurt a. M.; Berlin (Wichern Verlag)

Richter, H.E. (1963): Eltern, Kind und Neurose; Stuttgart (Klett Verlag)

Richter, H.E. (1979): Der Gotteskomplex; Reinbek (Rowohlt Verlag)

Richter, H.E. (1980): Die Rolle und das Selbstverständnis des Arztes. Festvortrag auf dem 30. Deutschen Kongress für ärztliche Fortbildung; Juni 1981 in Berlin

Richter, H.E. (1981): Alle redeten vom Frieden; Reinbek (Rowohlt Verlag)

Richter, H.E. (1982): Zur Psychologie des Friedens; Berlin (Rowohlt Verlag)

Richter, H.E. (1986): Die Chance des Gewissens; Hamburg (Hoffmann u. Campe) S. 60

Richter, H.E. (1989): Die hohe Kunst der Korruption; Hamburg (Hoffmann und Campe)

Richter, H.E. (1992): Rede auf der Gedenkfeier für Willy Brandt, a.a.O.

Richter, H.E. (1993): Wer nicht leiden will, muss hassen; Hamburg (Hoffmann und Campe)

Richter, H.E. (2003): Psychoanalyse und Politik; Gießen (Psychosozial Verlag)

Richter, H.E. (2008): Dankrede aus Anlass der Verleihung der Paracelsus Medaille, Der Psychotherapeut, 2008; Heidelberg (Springer)

Richter, H.E. (Hg.) (1990): Russen und Deutsche. Alte Feindbilder weichen neuen Hoffnungen; Hamburg (Hoffmann u. Campe)

Rifkin, J. (2010): Die empathische Zivilisation; Frankfurt a. M. (Campus Verlag)

Rorty, R. (1984): Hoffnung statt Erkenntnis; Wien (Passagen Verlag)

Scheler, M. (Schriften aus dem Nachlass, Bd 1): Ordo Amoris; Bern (A. Francke, A.G Verlag) S. 356

Schellnhuber, H.J. (2009): Interview mit Christopher Schrader, Süddeutsche Zeitung; 21.12.2009

Schloemann, J. (2010): Und jetzt haben wir uns alle mal lieb, Süddeutsche Zeitung; 19.01.2010

Schopenhauer, A. (1840): Die beiden Grundprobleme der Ethik über das Fundament der Moral; Berlin (Deutsche Buch-Gemeinschaft)

Schweitzer, A. (1966): Die Ehrfurcht vor dem Leben; München (Beck Verlag), 4. Aufl. 1984

Schweitzer, A. (1984): Friede oder Atomkrieg; München (Beck Verlag)

Simmel, E. (1932): Nationalsozialismus und Volksgesundheit. Der sozialistische Arzt 8: S. 162-172

Sloterdijk, P. (2009): Interviews mit Andrian Kreye, Süddeutsche Zeitung; 21.12.2009

Smith, A. (1994): Theorie der ethischen Gefühle; Hamburg (Felix Meiner Verlag)

Ustinov, Sir P. (2003): Achtung! Vorurteile; Hamburg (Hoffmann u. Campe)

von Weizsäcker, R. (1992): Im Gespräch mit G. Hofmann u. W.A. Perger; Frankfurt a. M. (Verlag Eichborn)

von Weizsäcker, C.F. (1967): Die seelische Krankheit Friedlosigkeit, in: Der bedrohte Friede; München, Wien (Carl Hanser Verlag)

Weizenbaum, J. (1977): Die Macht der Computer und die Ohnmacht der Vernunft; Frankfurt a. M. (Suhrkamp Verlag)

Weizenbaum, J. (2001): Computermacht und Gesellschaft; Frankfurt a.M. (Suhrkamp Verlag) S. 117

Weizenbaum, J. (2007): Vermächtnis. Was ich am Ende meines Lebens glaube

Weizenbaum, J. mit Wendt, G. (2006): Wo sind sie, die Inseln der Vernunft im Cyberstrom?; Freiburg i. Br. (Verlag Herder)